一本书读懂
投资心理学

郑晓旭 ◎ 著

中国商业出版社

图书在版编目（CIP）数据

一本书读懂投资心理学 / 郑晓旭著. -- 北京：中国商业出版社，2024. 7. -- ISBN 978-7-5208-2977-9

Ⅰ. F830.59

中国国家版本馆 CIP 数据核字第 20246KQ657 号

责任编辑：杨善红
策划编辑：刘万庆

中国商业出版社出版发行
（www.zgsycb.com 100053 北京广安门内报国寺 1 号）
总编室：010-63180647 　编辑室：010-83118925
发行部：010-83120835/8286
新华书店经销
香河县宏润印刷有限公司印刷
*
710 毫米 ×1000 毫米 　16 开 　13.25 印张 　150 千字
2024 年 7 月第 1 版 　2024 年 7 月第 1 次印刷
定价：68.00 元
****
（如有印装质量问题可更换）

前言

随着社会的发展，人们的生活水平不断提高，投资也已成为人们实现财务独立的重要途径与手段。作为一项既刺激又具有挑战性的活动，投资可以给我们带来财富和成就感，但也可能带来风险和压力。事实上，很多普通人在财富管理上都有欠缺。例如，有些年轻人，因为暂时还没有结婚生子，离老去还早，所以不会认真考虑子女教育和养老问题，只喜欢吃喝玩乐，对个人财富管理知之甚少。而中老年人也并不会因为年龄的原因而对投资理财有多了解，他们中的很多人都喜欢将钱存入银行等这种稳妥的投资理财方式，而且大多也都没有很详细的养老计划。普通人的理财状况不容乐观，那么企业级老板的情况是否会好些呢？也未必。很多企业老板虽然流动资金较多，但却只喜欢购买流动性强的金融产品，试图以此来防范企业经营的资金流动风险。总之，每个人对事物都有自己的认知和情感关注点，表现在投资上就是感性决策，但投资讲究方式、方法和策略，要求投资必须保持理智，因而感性投资就很容易导致失败。感性投资导致失败的原因主要有五点：一是目的不准确，结果成为市场收割的目标；二是投资太自我，导致不会分辨市场情绪和投资价值；三是自控能力差，投资行为情绪化，以致涨了不知退，跌了不知进；四是缺乏专业知识，容易轻信他人和所谓的结果；五是没有时间概念，追求短期收益却承担着最高的风险。理智且成熟的投资者，则能够将时间、环境、财富、商业、情绪、心态等投资要素融为一体，并最终获得较好的投资回报。

事实证明，在投资过程中，人类的思维和行为往往受到各种因素的影响，导致我们作出错误的决策。因此，充分了解投资心理学是非常重要的。

"投资"和"心理学"这两个名词在不同的学科领域具有各自的内涵。在投资领域，对投资的全面理解与实践可以系统地分为三个核心维度：一是选择投资产品。这是投资策略的基础，涉及对不同金融工具和产品的研究、分析与比较，包括但不限于股票、债券、基金、房地产、保险、信托等。投资者须根据自身的财务目标、风险承受能力、投资期限及市场环境等因素来挑选适合自己的投资产品。二是基于生命周期差异化需求的资产配置。资产配置是投资管理的核心，它强调根据个人或家庭在其不同生命周期阶段的风险承受能力和收益需求变化来调整投资组合的构成。比如，年轻人可能能够承受更高风险，因此配置中股票占比可能会较高；而临近退休的人群则更倾向于稳健的固定收益类产品和保值增值类的实物资产。三是金融产品的配置与选择在财富管理中的应用。财富管理不仅关注短期的投资回报，更注重长期、综合的财务规划，涵盖创富、守富和传承等不同阶段。在这一过程中，投资者或其财富顾问会结合税务筹划、法律结构设计以及遗产继承规划等多种手段，科学合理地配置金融产品以实现财富的持续增长、有效保值乃至平稳过渡至下一代。通过这三个方面的有机结合，投资者能够建立一个既符合自身特点，又适应市场动态的投资策略，从而实现财富的有效积累和安全传承。

心理学研究的是人类的心理现象和规律，关注个体的思维过程、情绪、动机、感知、学习能力、记忆、人格发展、社会互动等各个方面。在投资领域，心理学原理揭示了投资者的决策心理和行为模式。例如，脑科学理论为投资者提供了改进投资判断的新视角，提醒投资者不要总想着回报更多，要注意平衡投资风险，不要漏掉关键信息，更重要的是打破思维惯性；全生命周期理论可以帮助个人根据不同人生阶段的需求和目标来制订投资计划，并根据自身的风险承受能力和投资偏好来选择合适的投资组合，以达到合理的风险收益平衡，满足个人和家庭未来的需求……通过理解并应用这些心理学原理，投资者可以认识到自身的决策偏差，采取有效策略降低投资风险，如合理配置资产、设定止损点及避免盲目跟风等，从而达到优化投资组合、提升理财收益的效果。

结合上述两者，"投资心理学"是专门研究人进行投资决策和投资行为时心理变化及其影响的一门交叉学科，也是经济心理学的一个分支。它可以帮助我们更好地理解自己和他人在投资决策中的表现及偏差，从而提高我们的投资成功率和满意度。

《一本书读懂投资心理学》一书就是为了帮助读者更好地应用心理学原理进行投资而编写的。全书分为九章，分别探讨了脑科学、财富规模、全生命周期理论等基础投资逻辑，以及职场新人、单身精英、两口之家、养育子女、迎接退休和安享晚年等不同阶段的投资心理学，为读者提供了一份全面而深入的投资心理学指南。

本书旨在为读者提供一份全面且易懂的投资心理学指南，以期帮助读者在进行投资时作出更加明智、理性的投资决策，避免常见的投资误区，从而取得更好的投资效果。同时，也希望读者通过阅读本书，能够在投资决策中提高自己的思维和行为效率，以获得更好的投资收益和满意度。

在本书写作的过程中，我们汇集了来自神经科学、心理学、金融学以及全生命周期理论等多个领域的研究成果，并进行了全面深入的分析，以帮助读者更好地理解投资心理学的相关知识，并应用到自己的投资决策中。

本书面向所有关注投资的人群，包括投资初学者、职场白领、中老年人群、退休人群等，是一本非常有价值的投资心理学书籍。我们相信，通过学习本书，读者将能够更深入地理解自己的投资行为，更理性地进行投资决策。

最后，我们要感谢所有为本书提供支持和帮助的人士与机构，包括研究者、投资专家和出版机构等。同时也要感谢所有愿意阅读本书的读者，希望您在阅读中能够有所收获，并在投资中获得成功。

目录

第一章　脑科学对投资决策的启示意义

脑科学在投资决策中的作用 / 2

大脑中的"需要"系统 / 5

大脑中的平衡风险系统 / 8

理性寻求回报与大脑本能冲动 / 13

大脑"偏好"和"信念"与投资决策 / 16

脑科学与认知、情绪和投资决策及风险管理的关系 / 19

第二章　财富规模与投资心理学

财富规模对投资者心理的影响 / 26

高净值投资者的投资心理与行为 / 31

中等资产者的投资心理与行为 / 41

小资产者的投资心理与行为 / 44

财富规模与投资心态的变化 / 46

财富规模与投资者心理健康 / 50

第三章　全生命周期理论与投资心理学

全生命周期理论及其在个人投资规划中的应用 / 54

全生命周期中不同时期的结构化投资分析 / 58

全生命周期中不同时期的风险管理策略 / 65

基于全生命周期的个人投资理财组合策略 / 72

个人终身消费最大化与个人投资之间的关系 / 75

人生不同阶段的投资偏好及收入与支出分析 / 78

第四章　职场新人投资心理学

职场新人的投资心理特点 / 94

如何建立正确的投资观念 / 96

如何规划职业发展和财务目标 / 100

如何进行理性的投资决策 / 103

如何避免职业和投资中的常见错误 / 105

适合职场新人的投资理财产品 / 107

第五章　单身精英投资心理学

单身精英的投资心理特点 / 112

如何根据个人情况制订投资计划 / 115

如何进行风险评估和风险管理 / 117

如何平衡工作、投资和生活 / 119

适合单身精英的投资理财产品 / 121

第六章　两口之家投资心理学

两口之家的投资心理特点 / 126

两口之家如何进行投资规划 / 129

如何协商处理家庭财务问题 / 134

如何避免家庭投资中的常见错误 / 137

适合两口之家的投资理财产品 / 139

第七章　养育子女时的投资心理学

养育子女时的投资心理特点 / 144

如何规划家庭财务目标和资产配置 / 146

如何维护好家庭的和谐与稳定 / 149

适合养育子女时的投资理财产品 / 152

如何支持子女的创业等发展需求 / 156

第八章　迎接退休时的投资心理学

迎接退休时的投资心理特点 / 162

如何进行迎接退休财务规划 / 165

如何评估自己的风险偏好和投资目标 / 169

如何进行资产配置和风险控制 / 171

如何应对退休后可能面临的心理问题 / 173

中低产和高净值家庭的财富传承方式 / 176

适合迎接退休时的投资理财产品 / 179

第九章　安享晚年时的投资心理学

安享晚年时的投资心理特点 / 184

如何进行晚年财务规划 / 188

如何管理和保护晚年资产 / 190

如何维护身心健康，享受晚年生活 / 193

适合安享晚年时的投资理财产品 / 195

后　记 / 201

参考资料 / 202

第一章
脑科学对投资决策的启示意义

投资的影响因素有很多，大部分时候体现为心理博弈，投资者既与自己博弈，也与市场博弈。而脑科学给我们提供了改进投资判断的新视角，提醒我们不要总想着更多回报，要注意平衡投资风险，不要漏掉关键信息，更重要的是要打破思维惯性。只有提高自我认知水平，才能作出更合理的投资决策。

脑科学在投资决策中的作用

脑科学对提高投资决策水平具有重要启示。通过理解人脑机制背后的缺陷与限制，我们才能更有效地训练和优化我们的投资思维方式。

1. 协助理解认知偏误

脑科学研究发现，我们的大脑在进行投资决策时存在许多认知偏误，如过度自信、回避损失、依赖历史数据等，而脑科学则可以帮助我们更透彻地理解和改进投资判断中的认知偏误。

我们的大脑更关注可能失去的东西，而不是可能获得的东西。这是因为，人脑中负责情绪处理的大脑边缘系统对潜在损失的反应要强于等量收益，例如，我们喜欢多买收益股票而少买损失股票。除了大脑中有回避损失的系统外，人脑中线索积累过快而判断推理相对较慢，也会让我们相信自己对事物理解得比实际情况更透彻。这种过分自信往往是由内部信号的主观感受产生的，而非客观证据。另外，由于大脑的懒惰性和习惯性，我们往往倾向于利用已知的信息，比如，利用历史数据来制定投资策略，而忽略未来可能的变化。这会造成我们过分依赖历史趋势来预测未来。同时，我们的大脑虽然有识别的能力，但并不完美。也就是说，我们有可能错误地认为某一投资标的如股票的价格走势符合某种模式，由此便错误地预测这只股票价格的未来。这是由大脑有限的信息处理和分析能力造成的。

总的来说，大脑在处理投资信息和作出决策时存在各种理性计算能力的局限，因此往往会产生各种认知偏误。只有充分理解大脑机制，我们才能更加全面地认识这些投资偏误，了解它们的强度、范围以及对投资分析的影响，从而找到有效的方法来改善投资判断。

2.平衡理性与直觉

脑科学研究表明，投资决策既受理性分析影响，也受直觉情感左右。前者基于数据和计算，后者基于主观感受和经验。这两种模式分别对应大脑不同的结构。过分依赖任何一种方式都不利于作出正确的投资决策。完全依赖理性分析可能忽略重要的情感信号，过分依赖直觉也会缺乏逻辑推理。

脑科学研究指出，能同时利用理性和直觉的人作出的投资判断往往最为有力。这需要在两个模式间取得良好平衡。比如，在逻辑分析基础上添加可靠的直觉感受，在直觉判断的指导下加入必要的理性检验。这种平衡，一方面赋予分析理性和决断力；另一方面，使判断包含敏感性和直觉性。事实证明，这种平衡通常会使投资决策既全面又稳健。

3.帮助避免信息过载

面对复杂多变的市场环境和源源不断的投资信息，人脑很难进行有效处理，容易陷入信息过载的困境。同时，情绪和主观判断也容易干扰逻辑思维。这容易导致信息混乱和错误决策。而脑科学研究则揭示了人脑信息过载的具体表现及其对判断的负面影响。比如，不能辨别关键信息，难以过滤干扰等。这为避免信息过载提供了有效指引。

首先，要学会过滤信息。只聚焦于影响最大和最易获得的信息，忽略二、三手和细节性信息。其次，要相信逻辑分析而非主观判断。多接触分析师看法而非个人经验。最后，要在信息量允许的前提下扩大样本。较多样本能减少随机噪声的影响，缓解信息过载给投资决策带来的不利影响。

4.缺陷与限制的改进方法

发现并理解人脑机制在投资决策方面的缺陷与限制仅是第一步，改进这些缺陷与限制才是最终目标。而在此方面，脑科学具有关键作用，它能够对症下药，提供需要改进的方向和具体的策略与方法。

以认知偏误为例，首先，脑科学能指出已知的认知偏误往往存在于具体的投资环境和过程中。如交易频率高易导致依赖历史数据，信息量大易引起过度自信等。基于此，脑科学研究提出一系列方法来减缓或克服认知偏误的影响。比如，降低交易频率，减少依赖历史数据；扩大时间窗口，减轻短期波动对决策的影响；增加样本量，弥补过度自信对单一案例的依赖；通过分解组合，减少单一投资标的带来的过度自信和回避损失；多角度分析，弥补单一观点和情绪带来的局限；定期复核投资策略，弥补忽略市场变化的缺陷等。

大脑中的"需要"系统

人类大脑的进化历程和人类获取资源的欲望之间有着天然的联系。那这种联系对投资决策有着怎样的影响呢?下面就来具体分析一下。

1.大脑"需要"系统的生理机制

人类大脑中的"需要"系统是一个非常广泛的话题,涉及神经科学、心理学等多个学科领域。从进化历程来看,人类大脑的进化可以追溯到几百万年前的早期人类。在那个时候,人类生活在自然环境中,需要不断地寻找食物和水源来存活。由于食物和水源的稀缺性,人类的大脑逐渐形成了适应奇缺资源的机制,这也是当我们获得任何"资源",如食物、性、金钱等时,就会感觉到快乐和满足,并且大脑会鼓励我们继续追求这些资源的历史原因。

这种奖励机制的形成是基于神经递质多巴胺的作用。多巴胺是一种快乐剂。在如愿以偿的时候,多巴胺会让人产生快乐的感受。多巴胺是神经传导物质,可以传递由食物、性、某些药物产生的神经脉冲,以及相伴而生的神经刺激。当我们获得某种奖励时,多巴胺会被释放到大脑中的奖励中心,从而使我们感到快乐和满足。这种快乐和满足的感觉会鼓励我们继续追求这种奖励,从而形成一种正反馈的循环。

奖励机制在人类的生存和繁衍中扮演着非常重要的角色。它可以激发人类的行动力和进取心，使我们不断地追求更高的目标和更大的成功。同时，奖励机制也可以带给我们一种快乐和满足的感觉，从而提高我们的生活质量和幸福感。但奖励机制也有一些负面影响。例如，当我们过度追求某种奖励时，可能会忽略其他重要的事情，如家庭、健康和社交关系。此外，当我们无法获得某种奖励时，可能会感到沮丧和失落，甚至会陷入抑郁和焦虑等心理问题。

可卡因等药物恰恰就是通过"绑架"大脑中的"需要"系统来促使我们不断地追求更多的回报。这种影响主要是通过增加多巴胺的释放来实现的。当我们使用可卡因等药物时，药物会刺激大脑中的奖励中心，从而使我们体会到极度的愉悦感。这种愉悦感会鼓励我们继续使用药物，从而形成对药物的强烈依赖性。此外，可卡因等药物还对大脑产生一些负面影响。例如，长期使用可卡因等药物可能会导致多巴胺系统耗竭和损伤，从而导致药物成瘾和其他不良后果。此外，可卡因等药物还可能导致心脏病、肺部疾病、神经退化等健康问题。

总之，人类大脑中的"需要"系统在我们的生活中扮演着非常重要的角色。我们需要了解其机制的作用和影响，以便更好地控制自己的情绪和欲望，同时也需要理性地看待市场和投资，不要为短期刺激所左右。

2.大脑"需要"系统对投资决策的影响

从神经科学的角度来分析，投资和药物成瘾具有共同点，二者都会在人类大脑中触发奖励机制。然而，人类大脑的奖励机制具有一定的适应性，当我们习惯了某种奖励时，同样的"剂量"就不能再提供同样的"快感"，这就需要不断地寻找新的市场、新的资产类别和更大规模的交易来满足大脑的需求回报系统。

此外，大脑的成熟程度也与投资决策的风险承受能力和决策能力有关。大脑前额部分对"回报"的预期和决策能力是成熟的，但该部分成熟较晚，一般要等到30岁以后。即使超过30岁，大脑前额部分对"回报"的预期也可能被某些因素"蒙蔽"，从而导致投资决策出现偏差。

正是由于大脑"需要"系统的作用，现实中的投资者通常会被投资收益吸引，希望通过投资获得更多的回报，而这种渴望可能会导致过度投机和冒险行为；有时候，投资者还可能会被市场中的一些"热门"投资产品或者流行的投资策略吸引，而这些产品或策略可能存在一定的风险和局限性。

基于上述分析，建议投资者应该监控交易，防止发生几单成功交易后"受到刺激"，承担过高风险的情况。同时，投资者也应该认识到市场是不断变化的，需要不断地学习和适应市场的变化，以便更好地把握投资机会并规避风险。这些建议都是基于理性和成熟的投资决策，避免受到情绪和欲望的影响，从而减少投资风险。

大脑中的平衡风险系统

实现投资风险与实际回报的平衡,是脑科学在投资领域的一个重要应用,颇值得研究。目前已有的理论研究和大量实践表明,在市场相对平静时,大脑中风险控制系统的活动程度开始降低,对风险的警觉性也开始降低,欲望系统也会同时松懈下来,减少交易,但是长时间不贴近市场交易,投资者的风险警觉性也会同时下降。如何充分发挥大脑中平衡风险系统的作用呢?投资者应尽量平衡风险,无论是市场波澜起伏还是相对平静,都可以适量持仓。

1.大脑平衡投资风险的两大系统

投资风险的产生,除了受相关政策、经济周期、市场环境、技术条件及不可抗力等外部因素的影响外,还受到个人的认知、经验、教育水平、收入水平、性别、年龄、职业等内部因素的影响,但最直接的原因在于人的情绪。可以说,情绪是投资最大的障碍。管理好情绪就能较好地控制投资风险,而能否管理好情绪则取决于能否充分发挥大脑杏仁核和前额叶皮层这两个组织的功能。也就是说,大脑中平衡投资风险的系统主要是杏仁核和前额叶皮层。

大脑杏仁核是位于大脑边缘的一组神经元聚集体,被认为在情感和认知过程中发挥着重要的作用。它由多个互相联系的核团组成，包括中央核、侧卫核和基底核等。杏仁核的主要功能是参与情感和记忆的初级加工及表达。大脑杏仁核对于情感刺激的识别和反应至关重要，它可以快速评估外部环境的安全程度，并引发适当的生理反应和行为反应，如恐惧、愤怒、快乐等。杏仁核与记忆加工密切相关，也可以将与情感体验相关的信息与记忆相结合，形成长期的记忆编码。这些记忆编码可以在以后的情境中被重新激活，影响个体的行为反应和情感反应。杏仁核也参与社会认知的加工，它可以识别面部表情、身体语言和声音等社会信号，并在社交互动中发挥重要作用。

虽然杏仁核在情绪调节中发挥着重要作用，但其作用机制复杂多样。不同个体对同一刺激可能产生不同的情绪反应，这与个体的基因、人格特征、以往经历等都有关。在处理情绪问题时，我们需要考虑个体差异，采取个体化的干预措施。整体而言，适度激活杏仁核有助于产生正常的情绪反应，但激活过度或不足都会导致情绪处理异常。具体到投资行为中，杏仁核对投资决策的情感反应和风险认知有着重要作用，可以帮助我们处理情绪和风险信息。这种处理依据是基于个体化的经历和认知而产生的，在感知和评估风险时，我们应适度激活杏仁核，避免因个人误区而导致的快速决策模式的错误，从而帮助我们有效提高投资决策的准确性和稳健性。

大脑前额叶皮层是位于大脑皮层前部的一片区域，是大脑皮层最前面的一部分。它有多个互相联系的区域，包括额叶皮层、额下回、额上回、前扣带回等。大脑前额叶皮层在认知和情感方面都发挥着重要的作用。前额叶皮层参与了高级认知控制的过程，如决策制定、计划和执行控制等。这些过程需要对外部信息进行监测、筛选和整合，以便制定决策，并为执行决策提供必要的控制。前额叶皮层可以调节和抑制情感反应。它可以监测和调节个体对外部刺激的反应，以便更好地适应外部环境。在情感调节方面，前额叶皮层的功能与杏仁核等情感中枢区域相互作用。前额叶皮层在社会认知和情感理解方面也起着重要的作用。它可以识别和理解其他人的情感与意图，以便更好地进行社交互动。一些科学家认为前额叶皮层具有多个工作记忆模块，不同模块主管不同性质的工作记忆，它们是并行的工作记忆系统，主沟区管理空间工作记忆，腹侧部管理物体工作记忆，包括样貌工作记忆等。

需要注意的是，前额叶皮层的结构复杂，被分成四个亚区，即外侧前额叶皮层（LPFC）、额极（FP）、眶额叶皮层（OFC）（有时被称为腹内侧区）和内侧额叶皮层（MFC）。不同亚区的功能有所不同，同时也与其他脑区紧密配合。要全面理解前额叶皮层功能，需要综合考虑其内部结构及与整个大脑的相互作用。前额叶皮层研究需要多学科综合分析，才能深入揭示其复杂的认知功能。具体到投资行为中，前额叶皮层对投资决策的风险承受能力和决策能力有着重要作用，可以帮助我们冷静、理性地评估风险和收益，并根据不同的情况作出相应的决策。例如，当面临高风险高回报的投资机会时，前额叶皮层可以帮助我们权衡利弊，避免盲目冒险。此外，前额叶皮层还可以帮助我们控制冲动和情绪，避免受到情绪和欲望的影响。

杏仁核与前额叶皮层在情绪调节过程中可以相互协作。杏仁核在控制情绪和生成生存本能反应方面发挥着重要作用。当面临威胁或压力时，杏仁核会启动"战斗或逃跑"的应激反应，从而帮助我们应对环境中的危险。而前额叶皮层是执行高级认知功能的区域，它能够协助调节和控制杏仁核的活动。具体来说，前额叶皮层可以向杏仁核发送信号，评估当前环境是否安全，并抑制杏仁核过度活跃所引起的焦虑或恐惧情绪。例如，当我们面对压力时，前额叶皮层可以判断面前的人或环境并无实质威胁，向杏仁核发出抑制信号，减轻焦虑反应，避免做出过激的"战斗或逃跑"行为。可以说，杏仁核和前额叶皮层在处理环境信息和调节情绪反应中发挥着相辅相成的作用。杏仁核生成初级的情绪反应，而前额叶皮层则在此基础上进行高级认知，形成更加准确和适应的情绪调节。两者协同运作，使我们能够形成合理的情绪反应，从而更好地适应环境。

正是由于杏仁核与前额叶皮层这两个系统在大脑中相互协作，才使我们能够理性地对待投资风险并达到平衡。因此，在投资决策中，我们需要充分发挥杏仁核和前额叶皮层的相互调节作用，权衡风险和回报，控制情绪和欲望，从而作出理性、成熟的投资决策。

2.风险平衡策略——适量持仓

风险平衡策略是指在投资过程中通过合理配置资产来平衡风险和回报，从而实现长期稳健的投资收益。适量持仓是平衡风险策略的一种具体实践方式，它可以帮助投资者在不同的资产之间分散风险，从而从整体上降低风险。在适量持仓的实践中，杏仁核和前额叶皮层这两大投资风险平衡系统起着重要作用。投资者需要充分发挥杏仁核和前额叶皮层两大投资风险平衡系统的作用，制订合理的投资计划，同时控制情绪和情感，从而实现长期稳健的投资收益。

杏仁核在投资决策中同样发挥着重要作用。在投资过程中，投资者往往会受到情绪和欲望的影响，产生冲动性的投资行为，从而导致错误的投资决策。在投资决策中，杏仁核可以帮助我们快速处理情感和情绪信息。例如，在股市出现大幅波动时，我们可能会感到恐慌和紧张，从而产生冲动性的投资行为。

前额叶皮层也在投资决策中发挥着重要作用。在投资过程中，投资者需要根据自己的投资目标、风险承受能力和时间跨度等因素，合理配置资产，从而实现长期稳健的投资收益。在投资决策中，前额叶皮层可以帮助我们评估不同资产的风险和回报。例如，对于股票这种高风险高回报的资产，前额叶皮层可以帮助我们权衡利弊，考虑其潜在的收益和风险，并根据自己的风险承受能力和投资目标，决定是否要投资。

在评估资产风险和回报的基础上，前额叶皮层可以帮助我们合理配置资产，从而实现长期稳健的投资收益。例如，对于追求稳健收益的投资者，前额叶皮层可以帮助他们选择更加保守的资产，如债券、货币市场基金等；而对于追求高回报的投资者，前额叶皮层则可以帮助他们选择更加高风险的资产，如股票、房地产等。在配置资产时，前额叶皮层还可以帮助我们考虑不同资产之间的相关性，从而构建一个多元化的投资组合，降低整体投资风险。

在配置资产之后，前额叶皮层还可以帮助我们制订投资计划，包括投资时间、投资金额、投资目标等。通过制订投资计划，我们可以更加明确自己的投资目标和风险承受能力，从而更好地控制投资风险。

理性寻求回报与大脑本能冲动

作投资决策时，理性寻求回报与大脑本能冲动两者其实很难区分。因为我们的大脑已经被设计为要不断寻求新鲜感，并从中得到回报。人类的大脑在处理风险和回报时，往往会出现一些本能的冲动反应。这些反应在远古时期对人们的生存有着重大意义，但在现代投资环境中，它们可能会导致人们作出不理智的决策。因此，抑制这些本能冲动，理性地寻求投资回报至关重要。

1.冲动的来源：进化心理学的视角

大脑的反应模式是经过数百万年的自然选择和进化形成的。大脑中的冲动主要源自早期人类的生存本能和对资源、地位的追求，这些动机在现代环境中以冲动的形式继续存在。

在历史的大部分时间里，当面临威胁时，我们的先祖需要立即做出反应，以便逃避危险，保护自己。这种迅速做出反应的冲动是遗传下来的生存本能，能够帮助我们应对危机。冲动也与获得快速奖赏的动机相关。进食、性等能快速带来愉悦的行为，因而更容易形成冲动。这源自早期人类对稀缺资源的渴求心理。我们的祖先生活在一个资源稀缺、充满高风险的环境中。他们必须快速作出决策，以获得食物和避免威胁。这导致我们的大脑在面临风险和可能的回报时，有一种强烈的冲动反应。在原始部落中，个体需要通过突出的行为来获取地位和资源。这在一定程度上驱使人做出冲动的举动，以显露自己的能力。新奇冒险和探索对早期人类也很重要。这需要一定的冲动来突破现状，开拓新的可能。

除了上述来源，冲动有时也来自强烈的负面情绪和压力的宣泄需求。原始环境中的感受需要快速表达。例如，我们有一种倾向，称为"损失厌恶"，即我们对损失的厌恶程度要大于对同等收益的欢喜程度。这在远古时期是有意义的，因为一个大的损失可能意味着生命的终结，而一个额外的收益则代表着生活的改善。但在投资中，这可能导致我们过度避免风险，错失有效的投资机会。

抑制大脑本能冲动是投资成功的关键之一。以下几种方法可以帮助我们抑制大脑本能冲动。

投资时，我们首先要尽可能控制自己的情绪，避免因为情绪而作出冲动的投资决策。例如，当市场波动时，我们可能会感到恐慌或兴奋，但我们需要意识到这些情绪的影响，并尽可能冷静地分析市场状况。

制订投资计划可以帮助我们更好地抑制大脑本能冲动。投资计划应该包括投资目标、风险承受能力、资产配置、投资方式等内容。制订投资计划可以帮助我们更好地规划投资行为，避免因为冲动而作出错误的投资决策。

自律也是抑制大脑本能冲动的重要方法之一。我们需要遵循自己的投资计划，理性调整投资策略。同时，我们也需要遵循市场规则，不要因为自己的情绪而违反市场规则。

2.抑制冲动：理性的力量

理性思考是抑制大脑本能投资冲动的关键。它需要我们超越短视的情绪反应，从长远和全局的角度思考问题。以下是一些具体的策略。

明确与合理的投资目标可以帮助我们专注于长远的回报，而不是短期的风险和波动。我们应该设定具体的、量化的目标，如"在未来10年内，实现年化回报率5%"。

理解和接受风险是理性投资的重要前提。我们应该明白，投资总是有风险的，只是风险大小不同而已。我们需要评估每个投资的风险，确保它们符合我们的风险承受能力。

投资者可以通过资产配置方式，将投资风险分散到多个领域和资产中。这样可以降低投资风险，获取合理投资回报。

坚持长期主义的投资者应该选择那些有长期增长潜力的股票、基金等投资品种，而不是短期波动较大的投资品种。长期投资可以让我们更好地抵御市场波动，获得更好的投资回报。

投资者应该加强对基本面和具体投资产品的分析，如通过分析内外部环境、政策导向等因素来判断投资类型的投资价值。这样可以让我们更好地把握市场机会，获得更好的投资回报。

投资是一个复杂的领域，需要我们不断学习和适应。我们需要了解最新的市场动态，研究各种投资工具和策略，并从错误投资中吸取经验教训。

大脑"偏好"和"信念"与投资决策

大脑的偏好根植于大脑的本能机制。大脑倾向于加强与现有信念一致的信息，忽略与之冲突的信息，通过这样的"印证偏好"，建立起较为稳固的信念。这些投资偏好和信念往往会给我们客观、理性地分析数据带来困扰，形成思维的倾向性。本节将探讨大脑的偏好和信念对投资决策的影响，以及如何克服思维惯性，以更好地进行投资决策。

1. "偏好"和"信念"对投资决策的影响

大脑偏好是指一个人对某些特定事物的好恶程度。通过认知自己的决策偏好，投资者可以更理性地分析市场，建立长期有效的投资策略和风险管理体系，从而对冲人脑天生的决策弱点。

人脑中的偏好对投资决策的影响深刻而复杂。这里从五个方面分析这种影响：一是损失厌恶偏好。人类心理更倾向于避免损失，即"损失厌恶"，而不是追求同等幅度的利润。这会使大部分投资者不会急于止盈，但会在损失触及心理承受底线时及时止损。二是现状偏好。人类更偏向于当前确定的状态，而非未来不确定的回报。所以投资者往往偏向高流动性而非具有成长潜力的资产，也难以坚持长期投资。三是过度自信偏好。大多数人对自身判断过于自信，高估了自己判断分析市场的能力。这导致频繁交易而承担不必要的费用和风险。四是群体偏好。投资者受到社会群体情绪和选择的影响较大，容易在市场顶部追高，在市场底部抛售。五是情感偏好。情感偏好可以说是影响普通人投资决策最重要的因素，没有之一。人脑在面对投资决策时，也会受到情感和直觉的影响。投资者倾向于投资自己熟悉或具有好感的标的，而非仅根据理性判断。例如，在投资决策中，如果一个人对某些特定行业或公司的股票产生了情感上的偏好，那么他很可能会忽视市场趋势和基本面分析，从而作出错误的投资决策。另外，大脑偏好还会导致投资者的集中化投资行为，从而忽略了多样化投资的重要性，导致错过一些潜在的投资机会，增加投资风险。另外，当前非投资相关的情绪状态也会影响投资决策，如焦虑或心情愉悦时的冒险倾向，即群体狂热等。

人类的大脑也受到人的信念和价值观的影响。在经济活动中，人们在面对相似情境时会倾向于根据既有的经验和知识来作决策，这种倾向被称为"信念"。深入反思自身信念，理性看待新信息，是投资者避免决策偏见、作出精确判断的关键。

人脑中的信念对投资决策产生重要影响，主要体现在以下五个方面：一是确认偏见。投资者容易注意与自身信念一致的信息，而忽视或否定与自身信念相违背的消息。这会使投资者固执己见，忽视市场变化。二是代表性偏见。投资者倾向于利用少数典型事件作出判断，而忽略事件发生的概率。例如，"风险越高收益越高"的信念，往往会令其忽略预期收益高的投资产品也有剧烈波动、亏损更大的可能性，认知偏差由此产生。例如，当某个投资者在过去多次尝试了某种投资方式并获得了收益时，他可能会过度依赖这种投资方式，而忽视了市场环境的变化和风险的存在。这样的行为容易导致投资风险增加，从而影响投资回报。三是自我归因偏差。投资获利时，投资者容易归因于自身判断；但亏损时则倾向于归咎外部环境。这损害了投资者从错误中吸取教训的能力。四是状态归因效应。投资者会因为近期的成功或失败而产生过度自信或悲观的情绪，而在这种状态下作出的预测往往并不准确。五是预期成见。投资者会依据预期去解释新信息，而非根据新信息调整预期。这使得投资者对市场变化反应迟钝。

2.克服投资过程中思维惯性的方法

大脑通过印证偏好来加强信念，而这些信念又会逐渐形成沉重的思维惯性，并影响人们的投资决策。思维惯性是指在相同或相似的情况下，人们的思维倾向于重复以往的决策方式，而不愿意去寻找新的方案。克服这种思维惯性是投资行为中一个非常关键的挑战。我们试着从以下六个方面入手来打破这种思维惯性。

一是认识自身思维惯性。投资者需要意识到思维惯性的存在，并深入反思自己在投资决策中常犯的思维定式。只有知己知彼，才能针对性地加以改善。

二是分析投资市场。投资者应该通过分析市场趋势、公司财务状况、行业前景等因素，来判断投资品种的投资价值。这样可以避免因为偏好或信念而作出错误的投资决策。

三是求助他人意见。投资者可以通过咨询独立第三方的意见，来发现自身的思维盲区。聆听多方建议有助于打破原有思维定式。

四是建立反馈系统。在作出投资决策后设立科学的反馈系统，收集反映决策效果的相关数据。这可以揭示思维惯性导致的偏差，促进投资者不断自我完善。

五是多元化投资。投资者应该将资金分散到不同行业、不同股票、不同基金等多种投资品种中，这样可以降低投资风险，同时避免因为偏好或信念导致过度投资某些标的。

六是不断学习。投资者应该不断学习新的投资知识和技能，以便更好地适应市场变化。同时，投资者也应该保持开放的思维，不断接受新的想法和投资理念，以避免受到思维惯性的影响。

脑科学与认知、情绪和投资决策及风险管理的关系

脑科学研究表明，认知、情绪和投资决策之间存在密切联系。认知和情绪会影响我们对投资信息的处理方式，从而影响我们的投资决策。投资风险管理是指通过识别和管理风险来降低投资损失的行为。脑科学研究可以帮助我们更好地理解投资决策，并开发更有效的投资风险管理策略。

1.脑科学与认知的关系

认知是指我们对信息的处理方式。它包括我们的感知、记忆、注意力、思维和语言。认知是人类大脑的核心功能之一。投资决策涉及大量的认知和决策过程,这些过程又包括了大脑的各种神经机制和认知过程。脑科学和认知科学研究了人类大脑的结构和功能,以及人类如何感知、处理和决策信息。在投资决策过程中,脑科学和认知科学可以提供有益的知识,帮助人们更好地理解投资决策的过程和结果,这反过来又可以帮助我们更好地理解人类的认知过程。

脑科学和认知科学的研究发现,人类的决策过程受到诸多因素的影响,包括个人经验、心理状态、情感和环境因素等。这些因素可能会导致人们作出不理性的决策,从而影响投资决策的质量和结果。除此之外,人类大脑有许多不同的区域和神经元,这些神经元负责处理不同的信息和执行不同的任务。在投资决策中,人们需要对大量的信息进行处理和分析,同时还需要预测未来的市场走势和公司业绩等因素。

脑科学和认知科学的研究还涉及许多与情感和行为相关的因素。例如,人们的情绪和注意力可能会影响他们的决策过程和结果。在投资决策中,情感因素可能会导致人们作出不理性的决策,例如,过度乐观或过度悲观,从而影响投资决策的质量和结果。

总之,脑科学和认知科学对投资决策的研究提供了有益的知识和新的角度。通过了解大脑如何处理信息、决策和情感,投资者可以更好地理解自己的投资决策过程,并采取更有效的决策策略。此外,投资者还可以采用一些技巧和方法来减少情感偏见，提高决策质量，如采用系统性方法和多重视角分析等。

2.脑科学与情绪的关系

"股神"沃伦·巴菲特曾经说过这样的话："在交易的世界里，人类的情绪既是机会所在，也是最大的挑战。掌握了它，你就能成功；忽视了它，你就危险了。"

投资决策是一个涉及复杂信息处理和多重因素考虑的过程，其中情绪起着至关重要的作用（见图1）。脑科学研究了情绪与大脑结构和功能之间的关系，因此了解脑科学与情绪之间的关系对于投资决策至关重要。

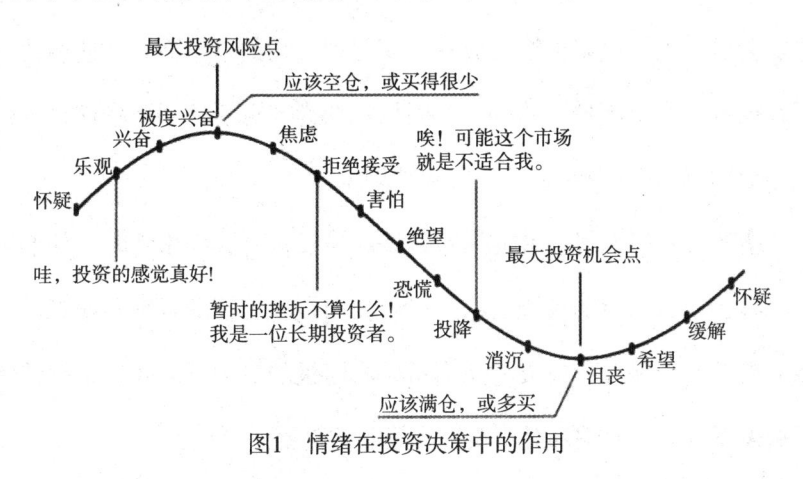

图1 情绪在投资决策中的作用

情绪对于投资者的决策具有直接的影响。情绪可以影响投资者对不同资产的估值，从而影响投资者的投资决策。例如，当投资者感到乐观时，他们会觉得："哇，投资的感觉真好！"因而高估股票的价值，最后导致投资决策出现偏差。尤其是在处于图1中的"极度兴奋"状态下，其实这是最大投资风险点，因此应该空仓或减少投入。当投资者感到悲观时，则可能会低估股票的价值，从而错失投资机会。如处于图1中的"沮丧"状态，其实是最大投资机会点，因此应该满仓或增加投入。由此可见，了解情绪如何影响投资决策非常重要。

脑科学研究表明，情绪与大脑的神经机制密切相关。当人们感到愤怒、恐惧或焦虑时，大脑的杏仁核等区域会受到激活，从而引发情绪反应。这些情绪反应可能会影响大脑的其他区域，从而影响投资者的决策过程。因此，了解大脑如何处理情绪和决策之间的关系对于投资决策非常重要。例如，当投资者感到愤怒、恐惧或焦虑时，他们的注意力和思考能力可能会受到影响，导致决策出现偏差。例如，当投资者感到恐慌时，他们可能会过分关注股票价格的波动，而忽视公司的基本面。这些情绪可能会导致投资者作出不理性的决策，固执地认为"可能这个市场就是不适合我"，从而影响其投资决策的质量和结果。

情绪还可以影响投资者的风险偏好。当投资者感到乐观时，他们可能会更容易接受高风险的投资，从而追求高回报。当投资者感到悲观时，则可能会更倾向于保守的投资，从而错失高回报的机会。因此，了解情绪如何影响投资者的风险偏好对于投资决策非常重要。

总之，脑科学对于投资决策中情绪与大脑的关系提供了有益的知识和新的理解。通过了解情绪如何影响投资决策，投资者可以更好地理解自己的投资决策过程，并采取更有效的决策策略。此外，投资者还可以采用一些技巧和方法来管理情绪和减少情感偏见，如采用冷静分析和多重视角分析等。

3.脑科学与投资决策的关系

脑科学的研究表明，人类大脑具有处理信息和作出决策的许多机制和神经元。在投资决策中，投资者需要对大量的信息进行处理和分析，如业绩指标、市场趋势、竞争环境等。了解大脑如何处理和分析信息对于投资决策非常重要。例如，大脑中的前额叶皮层负责决策制定和行动控制，因此投资者需要了解如何利用前额叶皮层来作出更好的投资决策。

脑科学的研究还涉及认知偏见和决策失误等问题。在投资决策中，投资者可能会受到许多认知偏见的影响，如过度自信、思维惯性、"羊群效应"等。这些认知偏见可能会导致投资者作出错误的决策，从而影响投资决策的质量和结果。因此，了解认知偏见和决策失误的原因和机制对于投资决策非常重要。

脑科学的研究还涉及情感和行为因素对投资决策的影响。在投资决策中，投资者的情感和行为因素可能会影响他们的决策过程和结果。如上文所述，投资者可能会受到恐惧、贪婪、焦虑等情感因素的影响，从而作出不理性的决策。投资者的行为也可能会影响他们的投资决策，例如，过度交易、长期持有等。因此，了解情感和行为因素对投资决策的影响对于投资者来说非常重要。

总之，脑科学对于投资决策的研究提供了新的视角和有益的知识。通过了解大脑如何处理信息、认知偏见和决策失误、情感和行为因素对投资决策的影响，投资者可以更好地理解自己的投资决策过程，并采取更有效的决策策略。此外，投资者还可以采用一些技巧和方法来减少认知偏见和情感偏见,提高决策质量,例如,采用多重视角分析、制订全面投资计划等。

4.脑科学与投资风险管理的关系

脑科学是一门研究大脑与行为之间关系的学科,它研究了大脑如何处理信息、如何进行决策以及如何影响行为。在投资决策中,脑科学可以为投资者提供有价值的洞见,帮助他们更好地管理风险。

通过研究人类的决策过程,脑科学家发现人类决策是受到情绪、认知偏见和社会因素等多种因素影响的。这些因素会导致人们作出错误的决策,从而增加投资风险。因此,投资者需要认识到这些因素,并采取相应的措施来规避错误决策所带来的风险。

脑科学研究表明,投资者的风险态度是受大脑的生理等因素影响的。一些投资者可能更倾向于冒险,而另一些则更倾向于保守。投资者需要了解自己的风险态度,并根据自己的风险承受能力来制定适合自己的投资策略。

脑科学研究了人的注意力和专注力。专注力是投资决策中非常重要的因素之一,因为它能够帮助投资者保持冷静和理性,减少情绪干扰,从而作出更好的决策。投资者需要学会如何提高自己的专注力和注意力,并将其应用于投资决策中。

脑科学研究了人的学习和适应能力。投资市场的变化是不可预测的,投资者需要不断学习和适应市场的变化。通过了解大脑的学习和适应机制,投资者可以更好地应对市场变化,降低投资风险。

总之,脑科学可以帮助投资者更好地管理投资风险。投资者应该了解自己的风险态度,掌握提升专注力和注意力的技巧,不断学习和适应市场变化,从而作出正确的投资决策,最终获得预期回报。

第二章
财富规模与投资心理学

较大的财富规模可能会让投资者选择更加谨慎的投资方式,而较小的财富规模则可能会让投资者忽略投资的系统性,进而选择自认为恰当的投资产品。可见不同的财富规模,所采取的投资方式不同,而带来的投资结果也不同。投资者应主动理性地分析信息,综合考虑自身需要和承受能力,制定合理的投资策略。

财富规模对投资者心理的影响

投资者的心智受到诸多因素的影响,如风险偏好、情绪、个人经历和投资知识等。而财富规模则是一个至关重要的因素,它可以影响投资者的心理状态和投资决策。本章将探讨财富规模对投资者心理的影响,包括对投资需求、投资决策的影响,以及对投资者的情绪和信心的影响。投资者可以通过了解自己的财富规模及心理因素,采取一些必要措施来更好地管理自己的投资决策和财富,从而获得更大的投资收益。

1.财富规模对投资需求的影响

财富规模是影响个人投资需求和投资行为的一个重要因素。一般来说,个人财富规模越大,其投资需求也就越全面。这是因为财富规模越大,个人的投资目标和需求也就越多样化和复杂化,需要更加专业和精细地进行投资规划和管理。

根据中国人民银行关于财富管理从业人员相关标准的描述,以及在单一金融机构的金融资产规模,可以把投资者分为以下四类:社会公众在60万元人民币以下;富裕人士达60万元(含)至600万元人民币;高净值人士达600万元(含)至3000万元人民币;超高净值人士达3000万元(含)人民币以上或个人名下达2亿元(含)人民币以上。

上述不同资产规模的人士其投资需求各有不同。社会公众因为资金量较小，投资选择通常较为简单，倾向于从流动性和稳健性两个角度进行考虑。在稳健收益方面，这些投资者通常会选择一些投资风险较低、收益相对稳定的金融产品，如银行存款、货币基金、债券基金等。在流动性方面，这些投资者通常需要随时支取资金，因此他们更倾向于选择具备良好流动性的金融产品，如银行活期存款、货币基金等。在保值增值方面，资金体量小的投资者，对待通货膨胀的紧迫度不是很强，中产的富裕人士是通货膨胀的主要影响人群。社会公众这类资金体量特别小的投资者可能会较多选择保值增值产品，而较少选择股票及更高波动性的产品。在投资知识和风险承受能力方面，他们对风险的承受能力相对较低，因此更倾向于选择偏于稳健的金融产品，如银行存款、债券基金等。

富裕人士有了一定的财富积累，投资需求开始多元化，但因为大多数富裕人士尚未实现财富自由，因而在投资过程中，愿意承担一定的风险以期获得更好的收益。这部分人群也逐步开始有能力从全生命周期视角进行资产配置，主要体现为专业的投资服务和符合生命周期的投资组合方案。在投资组合方面，富裕人士通常会通过分散投资来降低风险，他们会选择多种不同类型的金融产品，如股票、债券、房地产等，以达到资产多元化的目的。在高收益的投资产品方面，这些投资者会追求更高的投资收益，愿意承担一定的投资风险，因此可能会选择股票、私募基金、风险投资、房地产等高风险高收益的投资产品。在税收优惠方面，富裕人士可能并不会从金融产品角度去考虑，收入影响的个人所得税、个人所得税减免事项是这部分人的关注重点。在个性化的投资需求方面，这些投资者通常会根据自身的投资习惯、风险承受能力和期望收益等因素，选择符合自身条件的投资产品，如短期理财、股权投资、海外投资等。此外，这些投资者对专业化的投资服务需求明显，他们通常会寻求专业的投资服务，如财富管理、资产配置、投资咨询等，来优化自己的投资组合和提高投资收益。

高净值人士属于刚步入高净值门槛的（600万~3000万元）一部分细分人群，资产量可能还没有达到完全财务自由的状态，所以此部分人群在投资选择上，于稳健中带有一定的进取性。这部分人担心自己从高净值阶层滑落下去。高净值人士以中小企业主为核心人群，他们的投资大致分为事业投资和金融投资两大类。在事业投资方面，他们的财富积累往往源于创办并成功运营企业的过程，即倾向于将部分资金持续投入自己的企业或相关行业中，通过扩大再生产、并购重组、创新研发等方式来进一步提升企业价值和盈利能力。除了直接投向自身企业外，一些高净值人士还会涉足其他实体经济领域，如新兴产业投资、天使投资、风险投资等，寻求多元化发展机会。在金融投资方面，高净值人士的投资热情随着经济环境的变化而调整。例如，在2020年新冠肺炎疫情发生后，中国高净值人群的金融投资热情显著提高，达到了67%的增长，这显示出他们对金融市场的敏锐度和适应性。此外，高净值人士的资产配置会关注储蓄和现金、股票、债券、基金、保险、信托产品、期权理财产品等多种金融工具，并且在地域选择上倾向于跨境投资，香港成为首选目的地之一，美国、英国等地也受到青睐。对于金融产品的选择，高净值人群越发重视投资收益，同时也会考虑分散风险，因此全球资产配置和多元化的投资组合策略变得越来越重要。总的来说，高净值人士在事业投资与金融投资之间保持平衡，既注重巩固和发展自身的主营业务，又积极寻求各类金融资产的稳健增值，以实现财富长期、安全、有效增长。

超高净值人士财富量级比较大，传富、守富是当下中国高净值人群的典型需求。在个性化的投资服务方面，超高净值人士通常会寻求高端的、个性化的投资服务，如私人银行、家族财富管理、法律咨询、税务规划等，以优化自己的投资组合和提高投资收益。这些投资者的投资通常具有长期稳健专业化的特点。首先，这些投资者通常会选择长期稳健的投资，在较低风险的前提下获得合理的投资回报，并注重投资品种的风险控制和分散化，以避免单个投资品种对整个投资组合的影响。其次，这些投资者通常拥有较为专业的投资知识，或聘请专业的顾问人员。最后，这些投资者开始陆续关注社会责任投资，即在考虑经济收益的同时，也会考虑投资对社会和环境的影响，会倾向于选择符合社会价值观和环保理念的投资项目。

2.财富规模对投资决策的影响

财富规模可以对投资者的投资决策产生重要影响。较大的财富规模可以使投资者更加自信，因为他们有更多的资金可以用于投资，并且他们有更多的渠道和能力来管理自己的投资组合，如创富、守富、传承等不同选择。这样的投资者会更倾向于进行全面而稳健的财富管理。他们有足够的资金来应对风险，但他们并不轻易尝试冒更大的风险，他们愿意在自己擅长的投资领域赚取更合理的回报。换言之，即使回报率不是特别高，他们只要觉得收益在合理区间、风险可控，便会选择。

相反地，较小的财富规模会限制投资者的投资选择，因为他们不敢承担高风险投资的损失。这样的投资者会更倾向于进行低风险低回报的投资，如债券和储蓄等。他们会更加注重资本保值和稳定的收益，因为他们无法承受投资亏损的风险。

此外，财富规模还可以影响投资者的投资决策方式。较大的财富规模会使投资者更加注重长期投资和价值投资，因为他们有足够的资金进行这样的投资，并且他们认为这样的投资策略更加稳健和可靠。相反地，较小的财富规模会使投资者更加注重短期投资和交易，因为他们需要更快地获得收益来改善自己的生活。

3.财富规模对情绪和信心的影响

财富规模也可以影响投资者的情绪和信心。投资者的情绪通常会受到投资收益的影响，因为他们可能会感到高兴或沮丧，这可能会影响他们的投资决策。较小的财富规模可能会让投资者更容易受到情绪的影响，因为他们更加依赖投资收益来提升自己的生活品质。例如，如果一个小规模投资者在短期内遭受了投资亏损，那么他可能会感到极度焦虑和沮丧，因为他可能无法承受这样的损失。相反地，一个高净值投资者可能会更加冷静地面对投资亏损，因为他有足够的资金可以抵御风险，而且他可能会认为自己有足够的时间和能力来恢复自己的投资收益。

此外，财富规模还可以影响投资者对风险的感知。较大的财富规模会让投资者对风险的感知不那么强烈和恐惧,因为他们有更多的资金可以统筹,而且他们认为自己有足够的能力来管理投资风险。相反地,较小的财富规模可能会更容易让投资者对风险敏感和恐惧,因为他们觉得自己无法承受哪怕很小的投资亏损。

财富规模还可以影响投资者的信心。较大的财富规模会让投资者更加自信,因为他们认为自己有足够的资金和能力来进行更加大胆的投资决策。例如,即便选择投资于高风险高收益的资产,他们也会留有一定的资金来承担这样的投资风险,并且他们自己或团队也有足够的能力来管理这样的投资组合,因此会更加自信。相反地,一个小规模投资者会认为自己的资金不足以进行有风险的投资决策,或者他认为自己没有足够的能力来管理有风险的投资组合,因此会变得缺乏自信。

此外,财富规模还可以影响投资者对投资市场的信心。较大的财富规模会让投资者更加自信长远的机遇,因为他们的投资组合会比较分散,而且他们有更多的资金来应对投资市场的波动。相反地,较小的财富规模会让投资者快速对市场失去信心与耐心,因为他们的投资组合比较集中,而且他们没有足够的资金来应对投资市场的波动。

高净值投资者的投资心理与行为

高净值投资者的投资心理和行为是一个广泛的话题,因为高净值投资者拥有大量的财富，可以进行更多的投资，并且通常拥有更多的投资经验和知识。对于高净值投资者来说，挖掘高净值的财富秘密，了解和学习高净值的投资心理与投资行为，可以帮助他们更好地管理自己的投资组合和财富。为此，下面我们将分析高净值投资者的投资需求，探讨高净值投资者的投资心理和投资行为。

1.高净值投资者的投资需求分析

作为高净值投资者，其投资需求涉及个人、家庭、企业和社会责任等多个维度。具体来说，包括家族治理（家族办公室）、法律咨询、税务筹划、投资并购、投融资、资产配置（包括跨境资产配置）等多个方面，如图2所示。

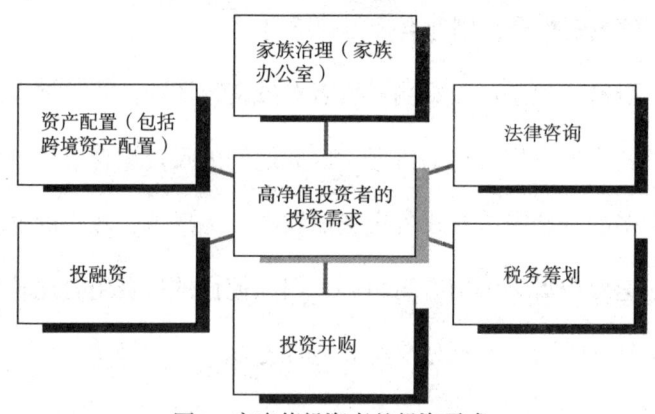

图2　高净值投资者的投资需求

高净值投资者的投资以家族治理为重要特征，以确保财富的传承和持续发展。家族办公室是家族财富管理的重要形态，因此高净值投资者进行家族治理可以考虑建立健全家族办公室机制。

家族办公室始于19世纪的欧洲。当时，一些抓住了产业革命机遇的大亨，聚集了金融、法律和会计专家，专门研究管理和保护家族的财富及广泛的商业利益。随着世界范围内高净值人群数量和家族资产规模逐渐增大，再加上家族成员关系的复杂化，家族办公室在欧美和澳大利亚等国家兴盛起来。近年来，我国私人财富迅速增长，超高净值人群的人数也在增加，家族办公室数量随之快速增长并备受青睐。同时，商业银行、信托公司和券商也开始涉足家族财富管理领域，为国内超高净值客户及家族提供财富管理服务。这些财富管理机构一般拥有庞大的、经验丰富的专业团队，负责监督全面多元化的投资组合。

家族办公室是家族治理的关键，从其功能与职责中可以挖掘高净值者的财富秘密。家族办公室的功能与职责主要涉及以下五个方面。

一是代际交接班。它是指在高净值者家族中，由老一代家族成员向新一代家族成员传承家族企业、家族文化和家族价值观等。代际交接班是家族治理中的一个重要环节，需要对家族宪法和家族章程进行审查和修订，对家族企业、家族文化和家族价值观进行传承，调整家族治理结构，对新一代家族成员进行培训和发展，以确保家族的长期稳定发展。

二是家族治理结构。高净值家族需要建立有效的家族治理结构，包括家族议会、家族信托、家族基金会等。这些结构可以帮助家族成员协调家族事务，管理家族资产，规范家族行为，保护家族利益。

三是家族管理。高净值家族需要建立专业的家族管理团队，包括家族办公室、家族秘书等。这些团队可以协助家族成员管理家族事务，处理家族内部纷争，规划家族财富传承和投资计划。

四是家族教育。高净值家族需要进行家族教育，培养家族成员的家族意识、家族精神和家族责任感。家族教育可以帮助家族成员理解家族的价值观和传承规则，促进家族内部和谐稳定。

五是财富传承规划。高净值家族需要制定有效的财富传承规划，包括家族信托、遗产规划等。财富传承规划可以帮助家族成员规划家族财富的分配和使用，减少财富的浪费和损失。

高净值投资者的法律咨询指的是高净值投资者需要定期进行法律咨询，以确保他们的财产和商业利益得到充分的保护。他们需要专业的法律咨询服务，了解法律法规和程序，制订有效的解决方案，以保护自己的利益和声誉。具体包括以下五个方面。

一是财产规划。高净值投资者需要进行财产规划，包括遗产规划、信托设立、税务规划等。他们需要专业的法律咨询服务，以确保财产分配的公正和合法，并最大限度地降低税务负担。

二是企业管理。高净值投资者需要专业的企业管理咨询服务，以确保他们的企业管理符合法律法规。他们需要了解法律对企业经营和管理的要求与限制，以避免违法行为带来的法律和商业风险。

三是合同和协议。高净值投资者需要定期进行合同和协议的审核与咨询。他们需要确保与合作伙伴、客户和供应商之间签订的合同和协议符合法律规定，保护其商业利益和权益。

四是诉讼和仲裁。高净值投资者需要寻求法律咨询，以解决与他人之间的争议和纠纷。他们需要了解法律程序和流程，制订有效的解决方案，以保护自己的利益和声誉。

五是隐私和安全。高净值投资者需要寻求法律咨询,以确保他们的隐私和安全得到充分的保护。他们需要了解个人隐私保护法规和安全措施,避免个人信息泄露和安全风险。

高净值投资者的税务筹划是指为最大限度降低其税务负担而采取的合法措施和规划。他们需要了解税务法规和政策,制定有效的财产规划、投资策略、税务优惠政策、退税规划和国际税务筹划方案,以避免税务风险和损失。同时,他们也注重遵守税务法规和政策,避免违法行为带来的法律风险。以下是高净值投资者在进行税务筹划时需要考虑的四个方面。

一是财产规划。高净值投资者需要进行财产规划,包括遗产规划、信托设立等。他们需要了解税务法规和政策,制订有效的财产规划方案,以最大限度地减少遗产税和财产转移税。

二是投资策略。高净值投资者需要制定有效的投资策略,以降低投资收益的税务负担。他们可以通过选择投资税收优惠的领域,如房地产、科创等,或者税收优惠的国家和地区,如开曼群岛、中国香港等,来降低税务负担。

三是税务优惠政策。高净值投资者需要了解税务优惠政策,以充分利用税收优惠措施。一些税务优惠政策可以帮助高净值投资者降低所得税、财产税和遗产税等税种的负担。他们需要了解退税的相关法规和政策,制订有效的退税方案,以避免税务风险和损失。

四是国际税务筹划。高净值投资者需要进行国际税务筹划,以利用不同国家和地区之间的税收优惠政策。他们需要了解税务法规和政策，制订有效的国际税务筹划方案，以最大限度地降低国际税务负担。

高净值投资者的投资并购指的是高净值投资者为所属企业制订有效的投资战略资金筹措方案，进行并购谈判、合规审查和后续管理。为此，高净值投资者需要充分了解并购目标企业的市场前景、盈利能力和风险，确保投资的合理性和安全性。同时，也应遵守法律法规和监管要求，避免违法行为带来的法律风险。具体要考虑以下五个方面。

一是投资战略。高净值投资者需要制定有效的投资战略，包括投资目标、投资领域、投资规模、投资时间等。他们需要对投资标的进行充分的尽职调查，以了解投资标的的市场前景、盈利能力和风险等因素。

二是并购谈判。高净值投资者需要与并购目标企业进行并购谈判，包括交易价格、交易方式、股权结构等方面的谈判。他们需要寻求专业的投资银行或律师事务所的帮助，以确保谈判过程顺利进行，交易价格合理。

三是合规审查。高净值投资者需要进行合规审查，以确保并购交易符合法律法规和监管要求。他们需要了解相关法律法规和监管要求，制订有效的合规审查方案，避免违法行为带来的法律风险。

四是资金筹措。高净值投资者需要制订有效的资金筹措方案，以保证并购交易的顺利进行。他们可以通过自有资金、银行贷款、股权融资等方式筹措资金，以最大程度地减少资金成本和风险。

五是持续管理。高净值投资者需要进行持续管理，包括整合管理、人才管理、战略规划等方面的管理。他们需要制订有效的管理方案，确保并购交易的顺利实施和后续发展。

高净值投资者的投融资，是指高净值投资者通过各种方式筹集资金，进行投资和融资活动，以实现财富增值和业务增长。具体包括以下三个方面。

一是投资策略。高净值投资者同样需要制定包括投资目标、投资领域、投资规模、投资时间等在内的有效的投资策略，同样需要对投资标的进行充分的尽职调查，了解投资标的的市场前景、盈利能力、风险等因素。

二是资金筹措。高净值投资者需要制订有效的资金筹措方案，以保证投资和融资活动的顺利进行。他们可以通过自有资金、银行贷款、股权融资、债券融资等方式筹措资金，以最大限度地减少资金成本和风险。股权融资包括私募股权融资、公开发行股票等。他们需要选择合适的股权融资方式和机构，制订有效的股权融资方案，以最大限度地减少资金成本和风险。债券融资包括公司债、可转债等。他们需要选择合适的债券融资方式和机构，制订有效的债券融资方案，以最大限度地减少资金成本和风险。

三是风险管理。高净值投资者需要进行风险管理，包括市场风险、信用风险、流动性风险等方面的管理。他们需要制订有效的风险管理方案，以最大限度地减少风险和损失。

高净值投资者的资产配置，是指高净值投资者将资产配置到不同的资产类别和投资标的中，以实现资产的分散化和风险的降低，同时也可以获得更多的投资机会和更高的收益。无论是在境内还是在境外，高净值投资者在进行资产配置时都需要充分考虑以下五个因素。

一是投资目标。高净值投资者需要制定明确的投资目标和策略，包括投资领域、投资时间、投资方式等。他们在进行境内外资产配置时都需要充分了解市场的情况，以及不同资产类别和投资标的的机会和风险，从而选择合适的投资标的和投资策略。

二是资产类别。高净值投资者需要将资产分散到不同的资产类别中，包括股票、债券、房地产、大宗商品实业资产等。他们需要考虑不同资产之间的相关性和风险，选择合适的资产组合，实现资产的分散化和风险的降低。

三是投资组合。高净值投资者需要制定合理的投资组合，包括不同资产类别和投资标的的组合。他们需要考虑不同投资标的之间的相关性和风险，选择合适的投资组合，实现资产的分散化和风险的降低。

四是税务规划。高净值投资者需要进行税务规划，以最大限度地降低资产配置的税务成本。他们需要了解当地的税法和税务政策，选择合适的投资结构和税务筹划方案，以最大程度地减少税务风险和税务成本。

五是法律合规。高净值投资者需要遵守当地的法律法规和监管要求，确保资产配置的合法性和合规性。他们需要了解当地的法律法规和监管要求，选择合适的投资结构和投资标的，以最大程度地减少法律风险。

2.高净值投资者的投资心理和投资行为

高净值投资者的投资心理和投资行为主要包括相对完善和全面的投资目标、风险偏好、投资策略、投资组合，以及投资的社会和环境影响等方面。

从投资目标上看,高净值投资者的投资目标通常是更加多元化和复杂化的。相对于普通投资者,高净值投资者拥有更多的财富和资源可以用于投资,并通常也具有更多的投资资源、经验和知识。因此,他们的投资目标通常更加复杂化和多元化,这样做不仅是为了获得财务收益,还包括实现其他方面的目标,如家族治理、社会影响、环境影响、企业治理等方面。

除此之外,高净值投资者的投资目标还包括支持教育、促进文化交流、改善医疗卫生等方面。因此,高净值投资者的投资目标通常更加多元化和复杂化,需要更加深入地了解和分析,以制订相应的投资策略和计划。

高净值投资者在进行投资时也会考虑自己的长期目标和规划。高净值投资者通常会制订长期的投资计划和目标,并根据自己所处人生阶段的需求和风险承受能力来选择适合自己的投资组合。

从风险偏好上看,越顶级的高净值投资者在家庭金融投资上越趋于稳健,因为他们并不需要过高的收益来满足生活所需,相反地,过高的风险可能会造成高净值投资者的超额损失。高净值投资者也会更加注重投资的长期回报率和稳定性,以保证财富的长期稳定增长。

此外,高净值投资者通常也会更加注重投资的流动性和灵活性。他们通常会选择更加灵活的投资方式,以便在市场波动时能够更加灵活地调整投资组合。他们也会更加注重投资的流动性,以便在需要时能够及时变现。

从投资策略上看，高净值投资者的投资策略通常也更加复杂和多元化。高净值投资者通常会采取多元化的投资策略，以满足多元化的投资需求。他们通常会将资产分散投资于不同的资产类别，如股票、债券、保险、房地产、大宗商品等方面，通过采取不同的投资风格，如价值投资、成长投资、指数投资等，获得更大的收益，实现长期的富裕。

除了分散投资外，高净值投资者还会采取一些更加复杂的投资策略，如对冲基金、私募股权、风险投资等。对冲基金通常采取套利策略，利用市场波动和价格差异来获得收益。私募股权和风险投资通常投资于初创企业和高成长企业，以获得更高的回报。

此外，一些高净值投资者还会采取杠杆投资策略，通过借入资金来增加投资回报。杠杆投资虽然能够增加投资回报，但也增加了投资风险。

从投资组合上看，高净值投资者通常拥有更多的财富和资源可以用于投资，并且通常具有更多的投资经验和知识。因此，他们的投资组合通常也更加多元化和复杂化。

高净值投资者的投资组合通常包括不同的资产类别和投资产品，如实业投资、股票、债券、房地产、大宗商品、对冲基金、私募股权等。他们通常会根据自己的投资目标和风险承受能力来选择适合自己的投资产品，并分散投资于不同的资产类别和投资产品中，以降低投资风险。

此外，高净值投资者的投资组合通常也包括一些非传统资产，如艺术品、珠宝、收藏品等。这些非传统资产通常具有较高的文化属性、投资价值和稀缺性，可以作为投资组合的一部分，以彰显个人文化修养和底蕴。

除了投资目标、风险偏好、投资策略和投资组合，高净值投资者还会更加注重投资的社会和环境影响。事实上，随着社会对可持续发展和社会责任的关注度不断提高，越来越多的高净值投资者开始将社会和环境影响纳入自己的投资决策中，通过投资来实现社会和环境的可持续发展。

高净值投资者通常会选择投资于对社会和环境发展有益的企业和项目，如可再生能源、清洁技术、环保企业等，以支持可持续发展和环保事业。同时，他们也会避免投资于那些对社会和环境有负面影响的企业和项目，如煤炭、化石燃料等。

除了投资于社会和环境有益的企业和项目外，高净值投资者还会通过慈善捐赠或成立自己的慈善基金会等方式回馈社会，支持教育、医疗、扶贫等公益事业，推动社会的持续、良性发展。

中等资产者的投资心理与行为

中等资产者是指拥有一定财富，但相对于高净值人士而言其财富规模较小的人群。中等资产者的投资心理和投资行为通常会受到多种因素的影响，在这些因素影响下，他们的投资心理与投资行为具有自身的特点。在投资过程中，中等资产者需要结合自身和家庭的具体情况作出投资决策，同时要根据自身的投资目标和家庭的不断变化来优化投资组合，并注意风险控制。

1. 影响中等资产者投资的一般因素

一般来说，影响中等资产者投资的一般因素包括个人需要、风险偏好、生命周期和市场环境等四个方面。

中等资产者的个人经验也会对其投资决策产生影响。如果他们曾经获得过较好的投资回报，就可能倾向于继续选择相似的投资产品。反之，如果他们曾经亏损过，可能会变得更加谨慎。

中等资产者在投资时非常重要的影响因素就是个人和家庭的需要，如退休储备、子女教育等。这些目标会影响他们的投资决策，例如，选择更加稳健的投资产品或者更加注重财富持续增值。

中等资产者通常会对投资产品的预期收益率有一定的期望，但相对于高净值投资者，他们的收益预期可能有时不那么符合市场实际。当然，大部分时间内，中等资产者更加注重长期稳定的投资回报，而不是短期高风险的投资收益。

中等资产者通常对风险有一定的承受能力，但相对于高净值投资者，他们的金融投资偏好整体更加稳健。他们可能更愿意选择一些相对安全的投资产品，如债券、大额存单、基金等，因为他们所处的环境和所积累的财富还容不得他们承担太大的风险。

中等资产者的投资决策也深受市场环境的影响，相较于高净值人群，他们抵抗市场风险的能力相对较弱。当市场处于牛市时，他们可能更愿意参与股票等高风险高回报的投资产品，在熊市时则更倾向于保守投资。

2.影响中等资产者投资的心理因素

中等资产者的投资心理通常会受到风险厌恶心理、短期主义心理、跟风心理、情绪化心理等心理因素的影响。

相对于高净值投资者而言,中等资产者的财富规模较小,导致他们得到的专业顾问服务较少,因此通常无法客观合理地衡量投资风险。这种风险厌恶心理可能会导致他们选择相对保守的投资产品和策略,以降低投资风险。

中等资产者通常会更加注重短期的投资回报,因为他们通常需要利用投资回报来应付生活开销和紧急支出。这种短期主义心理可能会导致他们选择短期收益较高的投资产品和策略,而放弃长期的投资回报。

中等资产者通常会受到周围人的投资行为和市场舆论的影响。如果周围的人都在追逐某个热门投资品种,他们可能也会跟风投资,而忽略风险和长期回报。

中等资产者在投资过程中可能会受到情绪的影响,如恐惧、贪婪、焦虑等。这种情绪化心理可能会导致他们作出错误的投资决策,例如,在市场下跌时恐慌抛售,或在市场上涨时贪婪追涨。

3.影响中等资产者投资的行为因素

中等资产者的投资行为通常会受到投资品类、投资策略、投资时间、投资风险等因素的影响。

中等资产者通常会选择相对简单和容易理解的投资产品,如股票、基金、理财产品等。这种选择可能会导致他们忽略更加复杂和多样化的投资产品，如实业投资、私募股权、房地产等。

中等资产者通常会选择相对保守和稳健的投资策略，如分散投资、价值投资、定投等。这种选择可能会导致他们放弃一些高风险高回报的投资机会。

中等资产者通常会选择在市场上涨时买入，而在市场下跌时卖出。这种投资时间选择可能会导致他们错失市场的投资机会，而在市场下跌时亏损。

中等资产者通常会采取一些简单的投资风险控制方法，如止损、简单分散投资等。这种投资风险控制方法可能不够全面和有效，不能真正降低投资风险。

小资产者的投资心理与行为

小资产者是指那些本金相对较少的投资者，他们可能没有太多的储蓄或投资资产，但也有一定的投资需求和意愿。

1.小资产者的投资特点

小资产者的投资心理和投资行为与中等资产者和高净值投资者有很大的差别，其特点主要表现在以下四个方面。

一是小资产者的财务压力。相对于中等资产者和高净值投资者，小资产者通常面临更大的财务压力。他们可能需要面对更多的生活开支和债务，因此很难进行长期的投资规划。他们可能更倾向于短期的投机行为，以期获得快速的资本增值。

二是小资产者缺乏知识和经验。小资产者通常缺乏投资知识和经验，对投资市场的了解不够深入。他们可能更容易受到市场噪声和热点的影响，从而盲目跟风地进行乱投资。同时，他们也可能缺乏风险识别和控制能力，导致投资亏损。

三是小资产者投资目标相对简单。相对于中等资产者和高净值投资者，小资产者的投资目标通常比较简单。他们可能缺乏长远的投资规划，需要面对更多的短期生活需求。因此，他们可能更注重资本保值和流动性，而不是长期的资本增值。

四是小资产者投资渠道受限。小资产者通常没有太多的资金和投资渠道，很难进行多元化投资。他们可能更倾向于选择银行储蓄、借贷或者小额理财产品等相对简单和低风险的投资方式。

2.小资产者要正确配置资产

对于小资产者而言，进行投资不仅需要更加谨慎和理性，最关键的是一定要正确配置资产，这是投资成功的关键。具体的投资步骤如下。

第一步：深入理解资产配置的本质。资产配置的关键在于关注不同资产在市场上的不同表现，而非仅关注配置资产的数量。例如，一个投资组合全部由权益类资产构成显然是不合适的。

第二步：了解不同资产类型的价值体现。要了解不同资产类型创造价值的本质，以及它们在不同经济环境下的表现。这里的不同经济环境主要包括两个指标,即经济增长率和通货膨胀率。例如,在正常的经济环境中,权益类资产在经济上行阶段表现更好,而固定收益类资产则在市场下行阶段表现更佳,比如,黄金仅在经济危机或政治危机阶段才有良好的表现。

第三步:了解自身风险承受能力。长期来看,投资权益类资产在收益方面是最佳选择。然而,由于其波动性较大,因此并不适合所有投资者。相比之下,固定收益类资产的收益表现可能不如权益类资产,但其波动性较小,适合风险承受能力较低的投资者。

第四步:确定不同资产类别的配置比例,并在必要时进行调整。这里需要考虑两个问题,一个是周期的判断,另一个是时机的选择。通过判断经济周期,可以确定资产配置中进攻型资产和防御型资产的比例;通过时机的选择,可以确定何时进行资产配置调整。

第五步:控制成本。成本,是小资产者唯一能够控制的投资因素。要花费时间和精力去挑选同一类型的成本最低的投资标的。不仅如此,在投资过程中还需要密切关注各种费用,如交易费、管理费和税费等,以确保投资收益最大化。

财富规模与投资心态的变化

不同的财富规模,投资者的投资心态也不同。这是因为,财富规模不同，投资者所作出的投资策略、所投资的资产品种、所使用的投资方式以及所制定的投资目标、投资时间和风险承受能力等都会不同。

1.财富规模与投资心态的关系

财富规模与投资心态之间存在密切的关系，这是因为一个人的投资心态往往会影响他的财富规模，而财富规模又会反过来影响他的投资心态。

投资心态会影响财富规模。如果一个人的投资心态比较积极乐观，那么他可能会更倾向于承担更高的风险，投资于新兴的高风险高回报领域，如股票、创业投资等，来获得更高的收益。但是，这些领域由于存在高风险，因此也更容易导致投资亏损。相反地，如果一个人的投资心态比较保守，那么他可能会更倾向于选择低风险、低回报的投资方式，如债券、定期存款等。虽然这些投资方式的回报率较低，但是相对来说更加稳定和可靠，能够保护投资者的本金。

财富规模也会反过来影响投资者的投资心态。当一个人的财富规模较小时，他可能会更加谨慎，更注重风险控制，以保护自己的财富。但是，当一个人的财富规模较大时，他们可能会更加倾向于承担更高的风险，以追求更合理的回报。这是因为，当财富规模较大时，投资者有更多的资源和能力来承担风险，即使一部分投资亏损，也不会对整个财富产生太大的影响。

需要注意的是，一个人的投资心态和财富规模之间的关系并不是单向的，而是相互影响的。这种相互影响是动态变化的，对于不同的人，会因为个人的生活阶段、家庭状况、职业发展等因素而有所不同。因此，一个成功的投资者需要不断地调整自己的投资心态和策略，以适应自己的财富规模和生活状况的变化。同时，也需要注重风险管理，控制投资风险，确保自己的财富能够稳健增长。

2.不同财富规模下的心态与行为

财富规模和投资心态的相互影响是一个动态的过程，在此过程中，投资者会经历多个阶段，每个阶段都有不同的心态和投资行为。

一般来说，随着财富规模的增加，投资者的投资心态会从谨慎逐渐转向积极。在初始阶段，投资者可能会非常谨慎，更注重资本保值，而不是追求高回报。这时候，他们可能会选择一些稳健且低风险的投资标的，如债券、货币基金等。

随着财富规模的增加，投资者可能会逐渐变得更加自信，更加愿意承担一定的风险。这时候，他们可能会将资产配置更多地向股票、房地产等高风险高回报的投资标的倾斜，以追求更高的收益。同时，他们也可能会更加关注资产的流动性和灵活性，以便能够及时调整资产配置。

当财富规模进一步增加时，投资者可能会进入另一个阶段，即"财富管理"阶段。在这个阶段，他们可能会将更多的时间和精力投入资产管理上，以确保其财富的保值、增长和有序传承。他们可能会寻求专业的财富管理服务，如家族办公室、信托、私人银行等，以便获得更加个性化和专业化的投资建议。

当财富规模达到一定的程度时，投资者可能会开始考虑如何将财富传承给下一代。在这个阶段，他们可能会更加注重长期资产规划和财富传承，以确保其财富能够在未来得到有效管理和延续。

3.规模和心态对投资策略的影响

财富规模和投资心态的变化会对投资策略产生很大的影响。投资者需要根据自己的财富规模和投资心态的变化，灵活调整自己的投资策略，以适应市场和自身情况的变化。

投资者财富规模和投资心态的变化会影响投资者投资方式的选择。一般来说，当财富规模增加、投资者风险承受能力增强时，投资者会更倾向于选择高风险高回报的投资方式，以追求更高的收益。相反地，当财富规模减小、投资者风险承受能力降低时，他们会更倾向于选择低风险低回报的投资方式，以保护自己的本金。

投资者的财富规模和投资心态的变化可能会导致他们对投资组合的要求发生变化。比如，当投资者的财富规模较小、风险承受能力较低时，他们可能更倾向于选择相对稳健的投资组合，如债券、稳定分红型股票等。但是，当投资者的财富规模较大、风险承受能力增强时，投资者可能会更倾向于选择更加多元化的投资组合，包括价值型股票、房地产、大宗商品等。

投资者的财富规模和投资心态的变化会对投资目标产生影响。当投资者的财富规模较小、风险承受能力较低时，投资者可能更关注短期的投资回报，以满足当下的资金需求，如支付日常开销、还贷款等。当投资者的财富规模较大、风险承受能力增强时，投资者往往会更注重长期的资产规划和财富传承，即兼顾资产的增值和保值。

投资者的财富规模和投资心态的变化也可能会影响他们的投资期限。当投资者的财富规模较小、风险承受能力较低时，他们可能更倾向于选择短期交易，以快速获取收益。但是，当投资者的财富规模较大、风险承受能力增强时，投资者可能更倾向于选择长期投资，以获得更为稳健的收益。

财富规模与投资者心理健康

财富规模和投资者心理健康之间的关系是相互作用的。尽管拥有更大的财富规模可能会带来更多的经济自由和安全感，但投资者也需要保持理智和冷静，以避免出现不理性的行为，从而保持心理健康。

1.财富规模与心理健康之间的关系

财富规模和投资者心理健康之间存在一定的关系。虽然财富本身不是决定一个人的幸福和满足感的唯一因素，但它确实对个人的心理健康产生了一定的影响。

一方面，财富规模的增加可能会带来一定的心理健康收益。当一个人的财富规模增加时，他们往往会感到生活更加富足和安稳，这可以增加他们的自信和幸福感。此外，财富规模的增加还可以让人们有更多的机会去追求自己的梦想和目标，这也可以带来一定的心理满足感。

另一方面，财富规模的减少或波动可能会对个人的心理健康产生负面影响。当一个人的财富规模减小或投资亏损时，他们可能会出现焦虑、失望、沮丧等负面情绪。这些情绪可能会对个人的心理健康产生大量的影响，甚至影响他们的生活和工作。

此外，投资者的投资心态也会对他们的心理健康产生影响。一个投资者如果过于追求高回报，可能会承担过高的风险，从而增加其焦虑和压力。相反地，如果一个投资者过于保守，可能会错失一些机会，从而感到遗憾和失落。

2.投资者保持投资心理健康的建议

要保持投资心理健康，就要在投资过程中管理情绪、制订合理的投资计划、长期投资、分散投资组合等。这些都是保持投资者心理健康的因素。

管理情绪是保持投资者心理健康的关键。当市场出现波动时，让自己保持冷静，不冲动地做任何决定非常重要。保持积极的心态，接受投资必伴有风险的观念，将其视为一种正常现象，同时记住长期投资的好处。

制订一份清晰的投资计划可以帮助自己保持理性和冷静，从而避免作出不明智的投资决策。这包括制定投资目标、确定风险承受能力、选择合适的投资工具等。

长期投资可以避免短期市场波动对投资产生过度影响，从而保持好心态。通过长期持有股票或基金，投资者可以更好地抵御市场波动，同时从长期趋势中获得更好的回报。

将资金分散投资于不同的资产类别或行业，可以降低整个投资组合的风险，避免因某个特定资产表现不佳而对整个投资组合产生过度影响，从而保持好心态。

除此之外，不要盲目跟风，听信市场炒作或媒体的建议。要学会自己研究并根据自己的投资计划作出决策。如果感到不确定或困惑，可以寻求专业建议。比如，与金融顾问或投资专家交流可以帮助自己更好地理解投资市场，并获得一些实用的建议。

这里需要强调的是，对于不同财富规模的投资者来说，保持心理健康需要采取不同的方法。对于小额投资者来说，要注意控制好财务杠杆，不要因为资金短缺而产生焦虑和压力。要知晓自己的风险偏好，不要进行超出风险承受能力的高风险投资。同时要对投资报酬有合理的预期，不要对少量的投资资金期望过高的回报。对于中等财富规模的投资者来说，需要注意加强对资产的管理。要避免资产配置过于单一带来的风险，实现合理的多样化投资。同时要控制"投资杠杆"的使用，不要因为财力增加就盲目使用高杠杆。要定期评估自身风险偏好，调整投资组合的风险构成。对于大额财富投资者，由于资金规模庞大，因此需要注意防止产生心理隔离和优越感，要时刻保持谦虚谨慎的态度；同时，认识到大额财富投资管理的复杂性，可以通过组建专业的财富管理团队来对大额财富进行管理。也要合理降低投资报酬预期，不要为了追求高收益而进行过于激进的投资。

第三章
全生命周期理论与投资心理学

　　全生命周期理论是一个综合性的人类生命周期模型，可以帮助个人根据不同人生阶段的需求和目标来制订投资计划，并根据自身的风险承受能力和投资偏好来选择合适的投资组合，以达到风险和收益的平衡，满足个人和家庭未来的需求。

全生命周期理论及其在个人投资规划中的应用

全生命周期理论（Life Cycle Theory）是指在一个人的一生中，生活需求与投资需求会不断变化，财务状况也会随着年龄变化而不断发生变化。使用全生命周期理论进行个人理财，可以帮助我们更有效地管理财富，从而达到较理想的财务状态。

1.全生命周期理论及其内涵

全生命周期理论应用范围很广，作为投资学理论的部分，主要用于研究个人在一生中的消费和投资决策，由美国投资大师约翰·博格提出，被广泛应用于个人投资理财。该理论认为，个人在不同的生命周期阶段，有不同的储蓄和消费需求，因此需要有不同的财务规划和投资策略。

全生命周期理论的核心是生命周期假设，即个人在一生中会经历不同的生命周期阶段，包括儿童期、青少年期、成年期、中年期和老年期。每个生命周期阶段会有不同的收入、储蓄和消费需求，因此需要有不同的财务规划和投资策略。

在全生命周期理论中，消费和储蓄决策是个人在不同生命周期阶段的重要决策。在年轻时，个人通常会倾向于消费，尽管年轻时收入较少，但需要支出的事项较多，如购房、结婚、生育和购车等。到了中年期，个人通常会增加储蓄，以满足未来的退休和子女教育等需要。而到了老年期，个人的储蓄通常已经累积到一定程度，此时会逐渐消耗储蓄以满足生活需求。

在全生命周期理论中，个人退休后的财务规划是整个生命周期中的重要部分。退休前，个人通常需要根据储蓄和收入水平来规划退休生活，并决定如何支配财富以确保足够的退休生活所需。此时，个人需要考虑通货膨胀、寿命预期、医疗保健等因素，以确保退休后的生活质量。

此外，投资策略也是个人在不同生命周期阶段的重要考虑因素。在年轻时，个人通常愿意选择高风险高回报的投资品种，期望获得更高的收益。到了中年期，个人通常会逐渐降低风险，选择更加稳健的投资品种，以保护财富。而到了老年期，个人通常会进一步降低风险，以确保财富的安全性和灵活性。

全生命周期理论是一种简单易懂的投资策略，可以帮助投资者在不同的人生阶段制定适合自己的投资组合。年轻人通常有较高的投资收益目标，并且愿意承担较高的风险。因此，他们可以将更多的资金投资于股票等风险较高的资产。中年人通常有较高的投资收益目标，但风险承受意愿有所下降。因此，他们可以将更多的资金投资于保险、债券型基金、大额存单等安全性较高的资产。退休后，投资者通常需要将更多的资金用于养老，需要降低投资风险。因此，他们可以将更多的资金投资于存款、债券等安全性较高的资产。

2.理解"达克效应",规划个人投资

用全生命周期理论规划个人理财需要智慧,但现实中许多人不能很好地做到这一点,原因是个人认知存在偏差,这种认知偏差在心理学中称为"达克效应"(Dunning-Kruger Effect)(见图3)。

科学研究表明,往往越无知的人越自信,心理学家将这个现象叫作"达克效应",其全称是"邓宁—克鲁格效应"。达克效应是指低水平的个体往往会高估自己的能力水平,而高水平的个体则会低估自己的能力水平。达克效应最初是由美国心理学家达克和克鲁格在1999年提出的。他们在研究中发现,那些在某个领域表现较差的个体通常会高估自己的能力,而那些在同一领域表现较好的个体却会低估自己的能力。

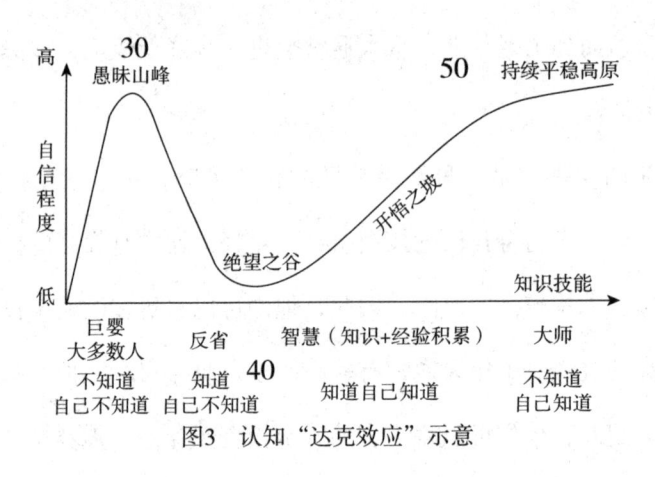

图3 认知"达克效应"示意

图3中,"愚昧山峰"意味着个体对自己的能力水平存在高估。这时候,个体缺乏对所处领域知识的了解,或者只是有限掌握该领域的基本知识,也就是"不知道自己不知道"。由于高估了自己的能力水平,导致个体可能会采取不恰当的行动,无法正确地评估自己的表现。不爱学习的人

大多处于这个阶段,对自己没有清醒的认识。

"绝望之谷"意味着个体低估了自己的能力水平。这时候,个体可能面临挑战或者任务,自信心受到严重打击,意识到了自己的知识和技能存在缺陷,也就是"知道自己不知道"。由于低估了自己的能力水平,导致个体可能会感到自己无法完成任务,进而出现焦虑和绝望等情绪。这是一个需要醒悟的阶段,人生越早醒悟,后期的发展越顺畅。

"开悟之坡"意味着个体开始能够正确地评估自己的能力水平。也就是"知道自己知道"。这是源于知识与经验积累叠加而形成的智慧。这时候,个体已经具备了对所处领域的深入了解和掌握,并且能够清晰地认识到自己的优势和不足,从而可以采取相应的措施来提高自己的能力。

持续"平稳高原"意味着个体已经具备了高水平的能力,并且能够正确地评估自己的能力水平,也就是"不知道自己知道"。这是大师独具的特质。在这个阶段,个体需要不断挑战自己,寻找新的机遇和挑战,以保持自己的成长和进步。

理解"达克效应"可以帮助个体摆脱认知偏差,更好地认识到自己的能力水平,采取相应的措施来提高自己的能力,并保持不断发展和成长的动力。因此人的一生中越早了解达克效应越好!

在理解"达克效应"的基础上,如何用全生命周期理论规划个人理财?其实并不复杂。首先,我们应该认识到,不同的人会有不同的收入水平,而这又会影响他们的消费行为。因此,我们应该根据自己的收入水平,结合生命周期理论,制订合理的管理计划,帮助我们实现财务目标。

其次，我们应该适当地安排储蓄和投资，以应对不同时期的财务需求。例如，在职业和家庭生活的发展阶段，我们应该将更多的资金投入住房、教育等长期投资；在退休前的准备阶段，我们可以考虑投资于固定收益类产品，如大额存单、国债等，以确保未来的收入稳定。最后，我们应该定期进行财务检视，以确保我们的财务状况符合我们的计划。我们应该定期检视收入、支出、投资等，根据生命周期理论，及时调整财务状况，以确保未来的稳定发展。

全生命周期中不同时期的结构化投资分析

在一个人生命周期的各个阶段，结构化投资（亦指资产配置式的投资）是一个至关重要的问题。在整个生命周期内，个人应该根据所处的不同阶段，采取不同的结构化投资策略，以实现财富最大化。

1.结构化投资及其在不同时期的作用和优缺点

结构化投资策略，是指通过将不同的金融工具组合在一起，提供一种定制化的投资产品，以满足特定投资者生命周期不同阶段的需求和目标。它通常由金融机构提供，结合了传统的金融产品和衍生品工具。

结构化投资的特点主要包括定制化、多样化的资产组合、回报和风险调整、衍生品工具的运用等四个方面。

定制化：结构化投资可以根据投资者的需求和目标进行定制。投资者可以选择不同的投资期限、风险偏好、回报预期等，以满足其个性化的投资需求。

多样化的资产组合：结构化投资产品通常由多种不同类型的资产组成，包括存款、基金、债券、股票、货币市场工具、衍生品等。这种多样化的组合可以帮助投资者降低投资风险，获得更广泛的收益机会。

回报和风险调整：结构化投资产品的回报和风险通常会根据不同的市场条件和投资策略进行调整。例如，可以设置保本或部分保本结构，以最大限度地降低投资风险。

衍生品工具的运用：在进行结构化投资时常利用衍生品工具，如期权、期货等来实现特定的投资目标。这些工具可以用于对冲风险、提供杠杆效应或进行套利交易。

各种结构化投资方式在人生不同阶段可以发挥不同的作用，但同时也存在一些优缺点。根据生命周期理论，可将人生分为初入职场、单身精英、两口之家、养育子女、迎接退休、晚年生活等六个不同阶段，而结构化投资在每个阶段的作用和相应的优缺点值得研究。值得注意的是，结构化投资方式的优缺点有许多相似之处，需要注意区分。

在初入职场阶段，年轻人通常面临着积累财富和实现长期财务目标的挑战。结构化投资对于他们起到的作用和优点缺点如下。

作用：一是长期投资。某些结构化投资产品可以帮助初入职场的人进行长期投资，通过分散投资风险和利用复利效应来增加财富积累。二是投资多样化。结构化投资产品通常由多种资产组成，可以帮助初入职场的人实现资产多样化，控制风险。

优点：一是定制化。初入职场的人可以根据自己的投资目标和风险承受能力选择适合自己的结构化投资产品。二是风险管理。某些结构化投资产品可以提供一定程度的本金保障或风险对冲机制，帮助初入职场的人降低投资风险。

缺点：一是复杂性。某些结构化投资产品可能极具复杂性，需要投资者具备一定的金融知识和理解能力。二是流动性限制。部分结构化投资产品可能存在较长的锁定期或提前赎回限制，对初入职场的人来说可能不太适合需要紧急资金的情况。

在单身精英阶段，个人通常注重事业发展和家庭组建，有了一定的积累去审视财富管理等话题。结构化投资产品对于他们起到的作用和优点缺点如下。

作用：一是资产增值。结构化投资产品可以帮助单身精英积累财富并实现资产增值，为未来的规划提供基础。二是风险管理。某些结构化投资方式可以提供资本保障或风险对冲机制，帮助单身精英降低投资风险。

优点：一是灵活性。结构化的投资方式能够保障适度的灵活性，可以根据个人需求和目标进行定制和调整。二是高收益潜力。结构化投资可以提供较高的收益潜力，帮助单身精英实现财务目标。

缺点：一是复杂性。综合的、结构化的投资极其复杂，需要投资者具备一定的金融知识和理解能力。二是风险考虑。投资者需要充分了解结构化投资产品的风险特征，并评估自身的风险承受能力。

在两口之家阶段，家庭的财务需求和目标可能发生变化，结构化投资的作用和优点缺点如下。

作用：一是资金保值增值。结构化投资可以帮助家庭资金的保值增值，为子女今后的教育基金、大额消费等长期目标提供支持。二是风险管理。某些投资产品可以提供资本保障或风险对冲机制，帮助家庭降低投资风险。

优点：一是定制化。投资组合可以根据家庭的特定需求和目标进行定制，以满足不同的财务规划需求。二是稳定收益。某些结构化投资产品可以提供稳定的收益，有助于家庭规划和管理日常生活开支。

缺点：一是限制性。部分长期投资可能存在提前赎回限制或特定条件要求，不太适合家庭在紧急情况下的资金需求。二是风险考虑。某些产品可能涉及较高的风险，家庭需要充分了解产品的风险特征并评估自身的风险承受能力。

在养育子女阶段，家庭的财务需求通常与子女的教育和未来规划密切相关。结构化投资在此时的作用和优点缺点如下。

作用：一是子女教育基金。结构化投资可以帮助家庭储备资金，以支持子女的教育、婚姻、事业起步等资金需求。二是风险管理。某些结构化投资产品可以提供资本保障或风险对冲机制，帮助家庭降低投资风险。

优点：一是长期规划。结构化投资可以与子女的成长规划相结合，为家庭提供长期投资和规划的工具。二是稳定收益。某些结构化投资产品可以提供稳定的收益，有助于家庭规划和管理子女成长资金需求。

缺点：一是限制性。部分投资产品可能存在提前赎回限制或特定条件要求，需要家庭在规划时考虑资金的流动性需求。二是教育成本考虑。家庭需要评估结构化投资的回报与子女教育成本之间的匹配程度，确保能够满足所需资金。

在迎接退休阶段，人们通常希望通过理财产品实现财务安全和稳定的退休生活。这个阶段的结构化投资的作用和优点缺点如下。

作用：一是资金保值增值。结构化投资可以帮助退休人员资金的保值增值，提供稳定的退休收入来源。二是风险管理。某些结构化投资可以对冲自己养老阶段的现金流、定向传承等风险。

优点：一是稳定收益。某些结构化投资可以提供稳定的收益，有助于规划和管理退休生活开支。二是长期规划。结构化投资可以与退休人员的长期规划相结合，为其提供长期投资和规划的工具。

缺点：一是流动性限制。部分结构化投资产品可能存在较长的锁定期或提前赎回限制，需要退休人员在规划时考虑资金的流动性需求。二是风险考虑。退休人员需要充分了解投资产品的风险特征，并评估自身的风险承受能力，以确保退休资金的安全性。

在晚年生活阶段，个人通常面临现金流、疾病和遗产传承等重要问题。结构化投资的作用和优点缺点如下。

作用：一是资金保值增值。结构化投资可以帮助进入晚年期人员资金的保值增值，提供稳定的退休收入来源。二是资产传承。某些结构化投资可以作为遗产规划工具，帮助晚年期人员实现资产的有效传承。

结构化投资的优点是稳定收益和有利于遗产规划，缺点是流动性限制和风险考虑。这两个方面与上述大体相同。

需要注意的是，结构化投资的具体形式和特点因金融机构和市场而异。每种产品都有其独特的投资策略、回报特征和风险因素。个人在选择结构化投资产品时应仔细了解产品的特点、风险和费用，并充分评估其与自身投资目标和风险承受能力的匹配程度。此外，结构化投资产品可能存在复杂的组合和衍生品结构，个人应充分了解产品的运作机制和风险特征，并在必要时寻求专业的投资建议，以确保所选择的投资产品适合自身情况。

2.全生命周期中不同时期的结构化投资策略

全生命周期中，个人的财务状况和目标会随着时间的推移而发生变化，因此需要不同的结构化投资策略来满足不同阶段的需求。下面，笔者就对初入职场、单身精英、两口之家、养育子女、迎接退休、晚年生活等各不同阶段的结构化投资策略进行分析。

初入职场阶段的年轻人通常有一个相对较短的投资经历和较高的投资意愿。在这个阶段，他们可以考虑以下结构化投资策略：一是养成储蓄和投资的习惯。建立紧急备用金，并开始投资基本的金融产品，如保险、债券或基金。二是平衡风险收益。考虑在投资组合中配置一部分有较高风险高回报的金融产品，如股票，以追求高收益。三是充分利用公司福利。如果所在公司提供了员工股票计划或退休金计划等福利，应充分了解并利用这些机会。

在单身阶段，个人通常注重事业发展和家庭组建。以下是一些适合此阶段的结构化投资策略：一是多元化投资。构建多元化的投资组合，包括股票、债券、房地产和其他投资工具，以平衡收益和风险。二是规划未来目标。根据自身目标，选择适合的结构化投资产品，如购房储蓄存款、婚姻风险隔离保险等。三是税务优化。考虑利用税务优惠的结构化投资产品，如个人养老账户或税务延迟的投资工具。

在两口之家阶段，个人需要考虑家庭的经济状况和未来的规划。一是家庭保障。购买适当的保险产品，如重大疾病保险、医疗保险和意外保险，以保障家庭的财务安全和稳定。二是储蓄和投资目标。制订家庭储蓄计划和投资目标，并选择适当的结构化投资产品，如教育储蓄金、零存整取等。三是财务规划。与配偶一起进行财务规划，包括制定预算、还款和退休储蓄计划。

在养育子女阶段，个人需要平衡家庭开支和子女教育支出。以下是一些建议的结构化投资策略：一是教育储蓄计划。开设教育储蓄账户，如购买教育类年金保险或储蓄专项资金等，为子女的教育费用做准备。二是风险管理。购买适当的健康类保险，如医疗保险和重疾保险，以保护家庭免受疾病风险的影响。三是规划重大支出，根据购房、购车等潜在大额支出需求，进行分阶段的、持续的资金储备。

在迎接退休阶段，个人的财务目标主要集中在准备和管理退休资金。适合这个阶段的结构化投资策略有：一是养老金计划。明晰公司提供的养老金计划或完善个人养老账户（IRA）等退休金计划，以确保退休后有稳定的收入来源。二是投资组合调整。逐渐减少高风险投资，并增加相对稳定的收益投资，如债券、年金或退休金产品。三是社会保障和医疗保险。了解并最大化社会保障福利，购买适当的仍然有利可图的医疗保险，以应对可能的医疗费用。四是遗产规划。制定遗产规划，包括编写遗嘱、购买寿险，以确保财产的有序传承。

在晚年生活阶段，个人的财务目标主要是保障生活质量和资产的安全。一是稳定现金流。选择提供稳定现金流的产品，以满足日常生活开支和医疗费用之需。二是长期护理保险。考虑购买长期护理等新型保险，以应对可能的护理和医疗费用。三是风险管理。评估投资组合的风险和回报，根据风险承受能力和支出需求进行适当的调整。四是资产分配。制定合适的遗产规划，包括将资产传承给子女或其他受益人，并考虑税务优化策略。

全生命周期中不同时期的风险管理策略

在全生命周期理论中，风险管理是一个非常重要的因素，与各个生命周期阶段密切相关。投资者应该根据自己所处的生命周期阶段和财务目标，制定相应的风险管理策略，以实现最佳的风险管理和投资回报。

1.初入职场阶段的风险管理策略

在初入职场阶段，个人通常处于财富积累的早期阶段，因此风险管理策略对于保障资本增长和维持财务稳定性至关重要。在这个阶段，由于投资期限较长，理论上可以承受更高的风险以追求较高的长期收益，但同时也要确保不会因为短期的市场波动或不可预见的生活事件而遭受重大损失。

投资多元化是这个阶段风险管理的核心手段之一。通过分散投资于多种资产类别，如股票、债券、指数基金、房地产投资信托（REITs）、商品、货币市场工具等，可以在不同资产间对冲潜在的风险。这样，即使某一类资产表现不佳，其他资产仍有可能带来回报，从而平抑整个投资组合的波动性。例如，年轻人可能会选择一部分资金投入高成长性的股票市场，同时也配置一些低风险的固定收益产品，以求在风险与收益之间取得平衡。

建立紧急备用金是必不可少的稳健财务规划步骤。紧急备用金相当于一个安全垫，用于应对突发的医疗费用、失业、意外维修或其他未计划的开支，避免在遭遇突发事件时被迫出售长期投资以获取现金，这可能会导致在不利市场条件下产生额外的经济损失。一般建议将3个月到6个月的生活开销作为紧急备用金的基准数额。

关注并管理好职业风险也是风险管理的一部分。职场新人尤其需要考虑就业市场的不确定性以及工作环境变化带来的风险。购买适当的保险产品，如医疗保险，以覆盖可能的高额医疗费用；加入失业保险计划，以便在失去工作时提供一定的收入支持。另外，如果条件允许，还可以考虑购买意外险，以预防因意外事故或疾病导致的长期无法工作的情况。

2.单身精英阶段的风险管理策略

在单身精英阶段,事业相对稳定,经济状况较为宽裕。此时,风险管理的重点转向了资产保值增值、中期目标实现以及职业发展的可持续性。以下是一些针对这一特定阶段的关键风险管理策略。

首先,定期评估和调整投资组合是确保资产健康增长的重要手段。随着年龄、生活阶段的变化以及市场环境的更迭,个人的风险承受能力、收益预期和长期目标可能会有所改变。因此,需要定期(如每半年或一年)对现有的投资组合进行全面审视,以确认其是否仍符合当前的需求和风险偏好。根据评估结果,适时调整资产配置比例,比如,增加稳健型投资产品以降低风险,或者增配成长性更强的投资产品以追求更高回报。

其次,中期目标规划与风险管理对于这个阶段的人来说至关重要。他们可能有购房、创业、深造、旅行等明确的生活及职业发展目标。为了实现这些目标,应制订详尽的投资计划,并结合每个目标的特点设定相应的风险管理策略。例如,为购房准备资金时,可以采取分阶段定投的方式积累资金,并通过选择低风险高流动性的金融产品来规避市场波动风险;若考虑创业,则需预留足够的启动资金和运营储备金,同时借助商业保险等方式分散潜在的经营风险。

尽管在单身精英阶段职业发展相对稳定,但仍然不可忽视职业风险的存在。为了应对可能出现的职业生涯变动,建议保持充足的紧急备用金,以应对诸如失业、疾病或其他突发情况带来的财务压力。此外,继续维持适当的失业保险覆盖，并视实际情况购买补充医疗保险和其他适合自身需求的商业保险产品，从而构建全面的风险保障体系。

3.两口之家阶段的风险管理策略

在两口之家阶段，家庭成员的角色和责任发生了显著变化，财务规划与风险管理也随之升级。这一阶段的家庭经济状况不仅关系到家庭成员当前的生活质量，更影响着家庭未来的生活规划和子女的成长与发展。

保险覆盖是确保家庭经济安全的基础。随着家庭责任的加重，购买适当的保险产品至关重要，以应对可能对家庭经济造成冲击的各种不确定性风险。例如，人寿保险能够在家庭主要经济收入提供者不幸离世时提供必要的经济支持，保障家庭其他成员的基本生活；医疗保险则可以减轻家庭因疾病或意外伤害产生的医疗费用负担，防止突发健康问题拖垮家庭财务；而意外保险则可以在遭遇不可预知的意外事故时为家庭提供额外的经济补偿，降低潜在风险对家庭稳定的影响。

全面细致的财务规划对于维持家庭财务稳健运行极其关键。夫妻双方应共同参与制定家庭预算，明确家庭收支情况，合理分配各项开支，控制不必要的消费，确保每月有结余用于储蓄和投资。同时，针对房贷、车贷等大额债务，科学地规划还款计划，避免过度负债影响家庭生活质量。此外，尽早启动退休储蓄计划，如开设个人养老金账户或参加企业提供的养老保险计划，确保在退休后能够拥有稳定的收入来源，维持高品质的晚年生活。

子女养育规划也是该阶段风险管理的重要组成部分。考虑到子女教育成本的逐年攀升，父母应及早规划并储备子女的教育资金，如设立专门的子女教育储蓄账户、定期定额存款，或者购买教育金保险，利用其长期积累和保值增值的特点，为孩子的高等教育乃至出国留学等需求提前做好充分准备。

4.养育子女阶段的风险管理策略

在养育子女阶段，家庭面临的风险和挑战进一步增加，尤其是在教育投入和家庭安全保障方面。为了确保家庭的稳定，充分保障子女的成长，父母需要在风险管理上采取更为全面且有针对性的措施。

在教育规划层面，随着孩子年龄的增长，高等教育费用成为家庭预算中的重要组成部分。为避免未来高额学费带来的经济压力，家长应提前建立并积极参与教育储蓄计划，如教育储蓄金，这些计划通常具有确定性、收益性等特点，鼓励家长定期地为子女的各个阶段教育储备资金。通过合理的资产配置，实现教育资金的保值增值，确保在未来能够顺利应对高昂的教育支出。

在家庭保障方面，除了基本的生活开支和未来的教育费用，家庭还需要有效转移可能发生的意外风险。考虑到子女成长过程中可能出现的各种健康问题，以及父母自身因年老、疾病或意外导致的收入中断风险，家长应当审视现有的医疗保险是否足以覆盖全家人的医疗需求，并考虑是否有必要增购额外的补充医疗保险或重大疾病保险。此外，对于可能因家中成员造成他人伤害而引发的责任赔偿问题，适时购买家庭责任保险同样至关重要，以避免意外事故导致的家庭财务危机。

5.迎接退休阶段的风险管理策略

在迎接退休阶段，个人和夫妻面临着从积累财富到保值增值、确保收入稳定过渡的关键时期，风险管理策略必须更加精细且具有针对性。

收入保障是这一阶段的核心议题。为了确保退休后能够拥有持续、稳定的现金流支撑日常生活开销和医疗保健费用，选择合适的退休金计划或养老金产品至关重要。这可能包括社保养老金、职业年金、商业保险以及其他可提供终身收入流的金融工具。通过精心规划和适时提取这些资金，可以最大限度保证个人退休生活的经济独立性与舒适度。

随着退休临近，投资者应当进行投资组合再平衡以适应新的风险承受能力。由于退休后没有了工作收入，资产保值相较于追求高收益显得更为重要。因此，应逐步降低投资组合中高风险资产（如股票）的比例，转而增加固定收益证券、债券以及高质量分红股等相对稳健的投资品种，以减少市场波动对退休储备金的影响，并确保在不同时期都能获得足够的现金流支持。

鉴于现代人寿命的延长，长寿风险管理成为退休规划中不可忽视的一环。为应对可能的长寿所带来的额外生活成本，特别是高昂的长期护理和医疗支出，建议储备一些中长期资金，为有可能出现的失能情况提供资金保障。此外，制定全面的遗产规划，合理使用各种税务优惠工具，甚至将部分资产转化为延期年金或终身年金等，都可以作为对抗长寿风险的有效策略。

6.晚年生活阶段的风险管理策略

在晚年生活阶段，风险管理的重要性更为突出，因为此时的财务安排直接关系到个人生活的质量保障以及资产的有效传承。以下是晚年生活阶段风险管理的主要关注点和策略。

资产保值与稳定收入是晚年生活阶段的核心。由于退休后不再有工资性收入来源，老年人需要确保现有资产能够抵御通货膨胀、市场波动等风险，并提供持续稳定的现金流来满足日常生活开支和医疗保健费用。因此，合理的投资策略至关重要，如持有收益稳定的债券、优先股、定期存款或购买年金产品等，以确保资金的安全性和流动性。

鉴于人口老龄化趋势以及医疗技术进步带来的长寿的可能性，长寿风险管理显得尤为迫切。老年人应充分考虑可能面临的长期护理需求和高额医疗费用支出，通过配置相应的保险产品（如长期护理保险）或建立专门的资金储备来应对这些潜在的风险。同时，优化社保医保待遇的利用，结合私人保险计划，构建全方位的健康保障体系。

随着年龄的增长和家庭状况的变化，遗产规划变得越发重要。老年人应在法律顾问和财务顾问的协助下，根据自身意愿和家庭情况适时更新和完善遗产计划，包括遗嘱、信托、赠与协议等多种法律工具，确保在去世后，资产能够按照既定意图分配给亲人、朋友或是慈善机构。同时，合理规划遗产传递过程中的税务问题，应注重最大程度减少遗产税对资产传承的影响。

基于全生命周期的个人投资理财组合策略

基于全生命周期的个人投资理财组合策略是指在个人的整个生命周期中,根据不同的生命周期阶段和财务目标,选择不同的投资组合和资产分配方式。这种组合策略可以帮助个人更好地管理和增长其财富,并实现财务目标。下面将生命周期大致分为早期、中期和晚期三个阶段,并讨论这三个阶段的个人投资理财组合策略。

1. 早期生命周期阶段的个人投资理财组合策略

早期生命周期阶段指的是一个人的职业生涯刚开始或者还没有开始,通常处于20多岁到30多岁的年龄阶段。在这个阶段,个人的收入和积蓄都相对较少,同时还面临着很多未知的风险,如工作稳定性、家庭状况、健康等方面的风险。因此,在早期生命周期阶段,个人应注重风险控制和长期资产增值,注重采用建立紧急备用金、投资大额支出计划、分散投资组合、合理参与高风险高收益投资以及定期调整投资组合等投资理财策略。

(1)建立紧急备用金。在早期生命周期阶段,个人承担突发事件的能力较弱,如失业、紧急医疗问题或家庭紧急问题等。因此,建立紧急备用金是非常重要的。个人应该将3个月到6个月的生活支出存入一个低风险的储蓄账户中，以备应急之需。

（2）投资大额支出计划。虽然大额支出可能看起来很遥远，但早期生命周期阶段的个人应该开始积极面对大额支出潜在需求，以充分利用时间和复利的力量。

（3）分散投资组合。在这个阶段，个人的资产规模相对较小，因此需要构建一个分散的投资组合，以降低风险并实现长期资产增值。个人可以考虑投资股票、债券、基金等不同类型的资产，并根据自身的风险承受能力和投资目标进行合理的配置。

（4）避免高风险高收益的投资。虽然高风险高收益的投资可能很诱人，但在这个阶段，个人应该避免这样的投资。个人应该更注重长期资产增值和风险控制，而不是短期高收益。

（5）定期调整投资组合。个人投资组合应该根据市场状况和个人目标定期进行调整。如果市场出现明显的趋势变化或个人目标发生变化，个人应该及时调整投资组合，以确保资产配置与个人目标相符。

2.中期生命周期阶段的个人投资理财组合策略

中期生命周期阶段指的是30多岁到60多岁的年龄阶段。在这个阶段，个人的职业和家庭状况相对稳定，收入和积蓄也相对丰富。因此，在该阶段，个人应继续注重风险控制和资产增值，多采用提高投资收益、关注退休规划、考虑子女教育规划以及定期审查和调整投资组合等投资理财策略。

（1）提高投资收益。中期生命周期阶段的个人可以考虑增加投资收益，以实现更好的资产增值。个人可以通过投资股票、基金、不动产等高风险高收益的资产来提高投资收益。但个人仍需要根据自身的风险承受能力和投资目标进行合理的配置，避免高风险。

（2）关注退休规划。在中期生命周期阶段，个人的退休规划变得更加紧迫。个人应该继续投资退休规划，并确保投资组合与个人的退休目标相符合。此外，个人还应该考虑购买长期护理保险等新型保障型产品，以确保在退休后能够获得足够的保障。

（3）考虑子女教育规划。在中期生命周期阶段，个人的子女可能已经开始上大学或即将上大学。因此，个人应该考虑子女教育规划，以确保有足够的资金支持子女的教育。个人可以考虑投资教育基金或购买教育保险等产品来获得更多的收益。

（4）定期审查和调整投资组合。应对个人投资组合定期进行审查和调整，以确保其与个人目标和市场状况相符。个人还应该考虑将资产转移至更稳健的投资组合，以降低风险。

3.晚期生命周期阶段的个人投资理财组合策略

晚期生命周期阶段指的是一个人的生命周期末期阶段，通常处于60多岁以后的年龄阶段。在这个阶段，个人已经退休或即将退休，拥有相对丰富的储蓄和资产，但同时也面临着更多的健康和财务风险。因此，在晚期生命周期阶段，个人应该注重风险控制和现金流管理，多采用关注退休规划、管理传承规划以及定期审查和调整投资组合等投资理财策略。

（1）继续关注退休规划。在晚期生命周期阶段，个人的退休规划变得更加重要。个人应确保退休计划的投资组合与个人退休目标相符,并审查退休计划的现金流和风险管理策略。

(2)管理传承规划。在晚期生命周期阶段,个人应该开始考虑遗产规划,可以通过保险、信托、遗嘱等方式,以确保在个人离世后,家庭仍能够获得足够的财务支持。

(3)晚期生命周期阶段的个人投资理财组合也需要定期审查和调整。

个人终身消费最大化与个人投资之间的关系

个人终身消费最大化和个人投资是个人财务规划中两个重要的方面,它们之间存在着密切的关系。个人投资可以为个人提供更多的财富和支持,实现个人终身消费的最大化。但个人在进行投资时需要注意风险控制,以确保个人财务状况的稳定和终身消费最大化的实现。

1.个人终身消费最大化与个人投资的关系

个人终身消费最大化是指个人的一生中最大化消费总额的目标。在实际情况下,个人的收入和职业生涯受到许多因素的影响,如技能、健康、经济状况等,个人需要通过投资来实现终身消费最大化的目标。

个人投资是指个人通过购买各类投资产品,如股票、基金、债券等,增加个人资产,获得更高的回报。个人投资可以帮助个人实现终身消费最大化的目标。通过投资,个人可以获得更高的回报率,从而增加个人收入和财富。同时，个人还可以通过投资实现资产的多样化和风险的分散化，以降低投资风险。

个人终身消费最大化和个人投资之间存在着相互制约的关系。一方面，个人的投资目标应该与个人的终身消费需求相匹配。个人需要根据自己的财务状况、投资目标和风险偏好，制订相应的投资计划，并选择适合自己的投资产品和投资策略，以实现最佳的投资回报和风险管理，从而确保实现个人终身消费最大化的目标。另一方面，个人的终身消费需求也需要考虑个人的投资收益。如果个人过度消费，可能会削弱个人的投资收益，从而影响实现个人终身消费最大化的目标。

因此，个人需要在综合考虑财务状况、投资目标、风险偏好和终身消费需求的基础上，制订相应的财务规划和投资计划。在投资过程中，个人需要注意投资风险，选择适合自己的投资产品和投资策略，以确保实现个人终身消费最大化的目标。

2.如何通过投资实现个人终身消费最大化

通过投资，可以增加个人资产，获得更高的回报率，从而实现个人终身消费最大化的目标。以下是通过投资实现个人终身消费最大化的一些策略和方法。

（1）确定个人投资目标和风险承受能力。个人在进行投资前，需要先确定自己的投资目标和风险承受能力。投资目标包括长期和短期目标，如退休、教育、旅游等，风险承受能力则涉及个人的财务状况、投资经验、年龄等因素。根据个人的投资目标和风险承受能力，选择合适的投资方案和投资组合。

（2）制订投资计划。制订一个适合自己的投资计划，考虑到个人的财务状况、投资目标和风险偏好，投资计划应包括投资目标、投资期限、投资组合和资产配置等内容。

（3）多元化投资组合。选择多种类型的投资产品，如股票、债券、基金等。通过多元化投资，可以分散投资风险，提高整体回报率。例如，将投资组合分配给不同的投资产品，如60%的股票、30%的债券和10%的基金等。同时也应在不同的行业中进行投资，比如，将资产分散到多个地区、行业和种类，这样可以降低投资风险，减少单一投资产品的影响。另外，随着市场的波动，投资组合的资产分配比例可能会发生变化，因此应定期进行审查和调整，并考虑将资产转移为稳健的投资组合，以降低风险。

（4）投资长期资产。个人应该投资长期资产，以实现更长期的财务目标和终身消费最大化。长期资产包括股票、房地产、终身寿险等，这些资产的投资回报通常比短期资产更高。但是，个人应该根据自身情况和目标来选择适当的长期资产。

（5）控制投资成本。个人在进行投资时，需要注意控制投资成本，包括管理费用、交易费用等。控制投资成本可以提高个人的实际投资回报率，实现个人终身消费最大化。

（6）寻找具有较高回报率的投资产品。寻找具有较高回报率的投资产品，如高股息股票、成长型股票、债券等。但是，需要注意风险，并选择适合自己的投资产品和投资策略。

（7）投资退休计划。投资退休计划，如养老金计划等，可以实现延迟税收，增加投资回报率。这些计划通常会提供更多的投资选项和更低的费用。

人生不同阶段的投资偏好及收入与支出分析

全生命周期理论认为，一个人的成长和发展是一个循环的过程，它由不同的阶段组成。人们从出生到死亡，会经历许多不同的阶段，这些阶段会影响他们的思想、行为和情感，而这些都会反映在经济活动上。下面就来分析一下人生不同阶段的投资偏好与收入和支出。

1.人生阶段不同的投资偏好分析

人所处的人生阶段不同，关注的事件、投资偏好也会有所不同。下面就来分析一下初入职场、单身精英、两口之家、养育子女、迎接退休、晚年生活等各个不同阶段的投资偏好。

（1）初入职场阶段

初入职场阶段的人的特点是年轻，收入较低，投资偏好及目标主要是积累财富和满足中短期的支出，因此通常会选择灵活性高、收益相对可观的投资产品，以实现自己的中短期财务目标。

初入职场的人通常有足够的时间来积累财富，因此他们愿意承担一定的风险。

由于初入职场的人通常没有太多的投资经验，因此他们通常会在亲朋好友的指引下选择稳健的投资产品，如存款、债券等。稳健的投资产品可以保证投资的安全性和回报的稳定性。

初入职场的人通常收入较低，因此他们通常会在亲朋的指引下偏向低风险的投资产品，如指数基金、货币基金等。这些投资产品通常具有低成本、高流动性和分散投资风险等优点。

初入职场的人通常没有太多的投资经验和知识，因此他们通常选择参加投资教育课程或阅读相关投资书籍来提高自己的投资能力。

初入职场的人通常还没有很清晰的投资目标，如购买房产、储备紧急基金等。尽快建立这些目标可以帮助初入职场的人更好地规划自己的财务和投资计划，并实现自己的长期财务目标。

（2）单身精英阶段

单身精英通常是指事业稳定、经济状况相对较好的单身人士。单身精英可能有更多的可投资资金，以及相对较少的财务责任，因此他们的投资偏好可能与其他阶段有所不同。

单身精英阶段的人通常具有更高的风险承受能力。他们更可能将资金投资于高风险高回报的资产类别，如股票市场、初创企业、风险投资基金等。愿意承担更多的风险，从而追求更高的投资回报。

单身精英阶段的人可能会更多地投资于权益市场。他们可能会选择购买个别股票，尤其是在他们对特定行业或公司有深入了解的情况下。此外，他们还可能投资于股票基金，以更好地实现分散投资和专业管理。

由于单身精英阶段的人通常具有较高的专业度和思考能力,他们可能会倾向于进行创业投资。他们可能会投资于初创企业或与创业家合作,以追求更高的风险和回报。这种投资方式不仅可以实现财务收益,还可以参与创造新的商业机会。

在单身精英阶段,个人的职业发展和教育对其未来的收入和财务状况至关重要。因此,单身精英可能更倾向于将资金投资于自我提升和职业培训方面,如职业技能培训、硕士研究生学位等,以提高自己的竞争力,促进自身职业发展。

单身精英阶段的人可能会考虑将资金投资于房地产市场。他们可以购买自己的住房,也可以考虑投资于出租房产或商业地产。房地产投资不仅可以实现资本增值,还可以通过租金收入获得稳定的现金流。

单身精英阶段的人通常对科技和数字资产具有较高的兴趣和接受度。他们可能会投资于科技公司、数字货币、区块链等领域,以追求高增长潜力和创新机会。

(3)两口之家阶段

两口之家的夫妻共同经营家庭,由于家庭的责任和财务需求增加,两口之家阶段的人们可能更倾向于选择较为稳健和保守的投资方式。稳定的投资回报和资本保值变得更为重要,以保证家庭的经济安全。

两口之家的夫妻可能会考虑将资金投资于股票和债券等不同类型的产品。股票投资有具大的增长潜力,并能够获得长期回报,而债券投资则可以提供稳定的收入和资本保护。适当的资产配置可以帮助平衡风险和回报。

在两口之家阶段，迎接子女到来成为一个重要的关注点。他们可能会对子女到来后的生活进行规划，如保证生活质量的储蓄、保障居住环境的房产投资等。

购买房屋可能是两口之家夫妻共同的目标。他们可能会投资于购买自己的住房，以提供稳定的居住环境和资产增值机会。此外，他们也可能考虑投资于出租房产，以获得额外的租金收入。

尽早开始养老金和退休规划对于两口之家阶段的人来说非常重要。尽管他们还没有迫切的需求和动机，但投资养老计划的相关产品应该尽早加以实施，以确保退休后有足够的财务支持。

随着家庭责任的增加，夫妻也会更加关注风险管理和保险。他们可能会购买人寿保险、医疗保险、家庭财产保险等，以保护家庭免受意外事件和财务风险的影响。

（4）养育子女阶段

在养育子女阶段，夫妻需要面对子女的教育、日常开销和未来规划等方面的财务需求。养育子女阶段的夫妻通常会将子女的教育作为首要考虑因素。他们可能会投资于教育基金、教育储蓄计划或教育保险，以确保子女能够接受良好的教育。这可以包括学费、学杂费、学习资源和其他教育相关费用。

夫妻在养育子女阶段有时会忽略对自身的风险管理和保障。因此建议此阶段的投资者购买人寿保险、医疗保险、意外伤害保险和家庭财产保险等，以保护家庭免受意外事件和财务风险的影响。保险可以提供保障，确保家庭在不可预见的情况下能够应对风险。

在一些国家，有特定的儿童教育储蓄账户，用于储蓄和投资子女的教育资金。夫妻可以考虑利用这些账户，以享受税收优惠并为子女的未来教育做准备。

养育子女阶段的夫妻可能会重视长期投资和储蓄。他们可能会考虑投资于年金险、债券、个人养老金账户或其他长期增值工具，以满足未来的财务需求。长期投资可以帮助夫妻积累资产，并为子女的未来提供更好的经济支持。

由于养育子女阶段的支出较大，夫妻也应该将紧急备用金作为投资的一部分。紧急备用金是一笔容易获取的现金储备，用于应对意外开支或收入中断的情况。这可以提供额外的安全保障，以应对家庭可能面临的突发情况。

在养育子女阶段，夫妻需要制定明确的目标和规划，包括子女的教育费用、养老计划和家庭财务目标等。他们可能会寻求专业财务规划师的帮助，以确保资金得到合理分配，并为家庭的未来做好充分准备。

（5）迎接退休阶段

在迎接退休阶段，人们通常会从工作收入转向依赖储蓄和投资来维持生活，故而许多人更倾向于采取保守的投资策略。他们可能会降低风险承受能力，减少投资组合中的股票比例，并增加债券和固定收益产品的比例。这有助于保护资本并降低投资的波动性。

迎接退休阶段的人们通常会重新评估和管理他们的退休账户。他们可能会关注账户的分配、投资组合的风险和回报，并根据新的退休目标和时间表进行调整。

虽然保守投资是普遍趋势，但退休阶段的投资策略仍然需要考虑长期资本增值。退休可能是一个相对较长的时间段，人们需要确保资本能够继续增长以满足未来的需求。因此，一些人可能会保留一部分资金投资于具有增长潜力的产品，如股票、基金等。

迎接退休阶段的人们通常更加关注风险管理和投资组合的多样化。他们可能会分散投资于不同的资产类别，以降低整体风险，并避免过度集中在某一特定资产或行业上。

随着年龄的增长，迎接退休阶段的人们可能需要考虑长期护理和医疗费用。他们可以考虑储备足够的保障资金或其他相关的医疗保险，以应对潜在的医疗支出。

（6）晚年生活阶段

在晚年生活阶段，人们面临着更长的退休时间和可能增加的医疗支出，因此通常会更加注重收入的稳定性和资本的保值。他们可能会偏向于选择稳定的投资工具，如债券、年金、租赁收入等，以确保有稳定的现金流来维持其日常生活开销。

随着年龄的增长，晚年生活阶段的人们面临更高的医疗费用和长期护理需求。他们可能会考虑持续带来现金流的产品或医疗保险，以应对潜在的医疗支出，并确保财务安全。

晚年生活阶段的人们通常会关注资产的保护和遗产规划。他们可能会制订合适的遗产计划，如遗嘱、保险等，以确保财产能够在他们去世后按照自己的意愿进行分配。

在这个阶段，保持一定的资金流动性非常重要，以应对突发的支出需求或紧急情况。人们可能会保留一部分资金作为紧急备用金，以应对未知的情况。

晚年生活阶段的人们可能会重新评估和优化他们的退休金和养老金。他们可能会考虑选择最佳的领取时间，优化社会保障福利，最大限度地利用退休金账户的税收优惠等。

尽管晚年生活阶段的人们注重保值和稳定收入，但他们仍然可能考虑进行长期投资和遗产管理。这可以包括投资于股票、基金、房地产或其他增长性资产，以确保在晚年生活中获得一定的回报和资本增值。

晚年生活阶段的人们可能会考虑投资于社区的健康保健服务。退休社区可以提供安全、舒适的生活环境，并提供各种社交和娱乐活动。人到了晚年，可以选择的健康保健投资越来越少，此时应该多关注市场变化，投资适用于退休生活的新保险品类等，以确保在晚年能够享受高质量的医疗服务和照顾。

2.图解人生财富变化四阶段

根据全生命周期理论，人在一生中会经历财富积累、财富巩固、财富消耗和财富传承这四个阶段（见图4），每个阶段的收入和支出都具有不同的特点和需求。下面就来图解一生中财富变化的四个阶段。

在财富积累阶段，个人通常处于年轻或中年期，收入水平相对较低，但是有较大的消费和投资需求。因此，个人在这个阶段通常愿意采取高风险高回报的投资策略,以期望在未来获得更多的收益。支出方面,个人通常需要面对房贷、子女教育等大额支出,因此需要合理规划家庭收支,尽可能地节约开支,将更多的资金用于储蓄和投资。

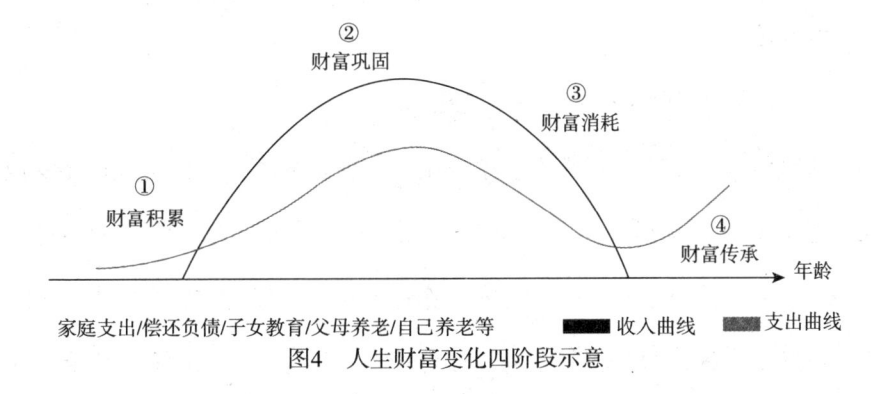

图4 人生财富变化四阶段示意

在财富巩固阶段,个人通常处于中年时期,收入水平相对较高,但是需要面对更多的家庭和社会责任。因此,个人在这个阶段通常会采取更加稳健的投资策略,注重资产保值和风险控制。支出方面,个人需要面对子女教育、房贷、养老等多个方面支出,因此需要合理规划家庭收支,同时考虑储蓄和投资的平衡。

在财富消耗阶段,个人通常处于退休或者老年期,收入水平相对较低,但是需要面对更多的医疗、养老等资金支出。因此,个人在这个阶段通常需要消耗之前储蓄的财富,以满足生活需求。支出方面,个人同样需要考虑到通货膨胀、寿命预期、医疗保健等因素。

在财富传承阶段,个人通常需要考虑到财富的传承和继承问题,以确保家庭财富的延续和传承。因此,个人在这个阶段通常需要制定遗嘱和财产规划,考虑到家庭成员的需求和福利,并采取相应的财富传承和管理策略。

总之，个人在不同生命周期阶段的收入和支出都具有不同的特点和需求。个人需要根据自身情况，合理规划储蓄和投资，以满足不同生命周期阶段的消费和储蓄需求，并考虑到财富传承和继承问题，以确保家庭财富的延续和传承。

3.图解人生不同阶段的收入与支出

这里将人生分为职场新人、单身精英、两口之家、吾家有娃、子女成人、迎接退休、安享晚年七个阶段（见图5）。这样的划分与前面讨论过的初入职场、单身精英、两口之家、养育子女、迎接退休、晚年生活等六个阶段基本一致，只是将其中的"养育子女"拆分成"吾家有娃"和"子女成人"两个阶段，目的是更具体地描述该阶段的收入与支出情况，使我们对人生不同阶段的收入与支出有更加详尽的了解。将"晚年生活"换成"安享晚年"，是因为"晚年生活"只是人生状态的一般性描述，而"安享"二字则与收入和支出息息相关，显然更为贴切。下面就来图解人生不同阶段的收入与支出情况，以及应注意的事项。

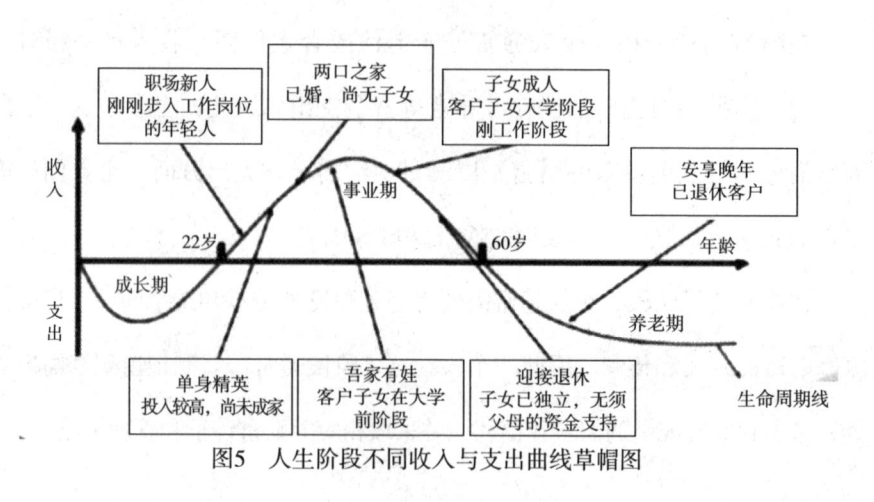

图5　人生阶段不同收入与支出曲线草帽图

职场新人通常是指刚刚步入工作岗位的年轻人，他们的收入较低，支出也相对较少。

收入：职场新人通常处在职业生涯的早期，他们的收入可能相对较低。这是因为他们可能刚刚步入职场，职位较低，经验有限。他们的收入主要来自工资，并且通常会面临一些生活成本，如住房、交通、食品和日常开销等。

支出：职场新人的主要支出包括基本生活费用，如房租或房贷、食品、交通费、日常开销等。此外，他们可能还需要支付学生贷款、保险费用和其他必要的开支。投资和储蓄可能相对较少，因为他们的收入较低，优先考虑满足基本需求和建立紧急备用金。

注意事项：一是精打细算，合理分配工资。在收入有限的情况下，要学会合理分配工资，不要过于浪费。二是建立紧急备用金。生活中难免会有一些突发状况，因此建立一个紧急备用金是非常必要的。三是学会理财。在这个阶段，要学会理财，了解投资基本知识，为未来的财务规划打下基础。

单身精英通常是指收入较高，但未成家的人群。在这个阶段，他们的收入相对较高，但是支出也相应较高。

收入：单身精英往往是在职场已经有一定经验并取得成功的人士。他们通常具有较高的收入，可能是由于晋升、提高技能或进入高薪行业。他们的收入主要来自工资、奖金和可能的投资回报。

支出：单身精英的支出相对较高，他们可能有更高的生活水平和消费习惯。他们可能选择购买较高价值的住房，拥有高品质的生活方式，并享受社交、旅游和娱乐活动。此外，他们可能还需要支付保险费用、债务还款、投资和储蓄等。

注意事项：一是精打细算，避免过度消费。在收入较高的情况下，容易陷入过度消费的陷阱，要注意合理支配自己的收入。二是建立长期财务规划。要为未来的财务规划做好准备，建立长期的财务规划，包括投资、储蓄、保险等。三是考虑未来的家庭计划。在这个阶段，要考虑未来的家庭计划，包括结婚、生子等。

两口之家阶段属于已婚，但无子女。在这个阶段，他们的收入和支出相对稳定。

收入：两口之家是已婚但没有子女的阶段，他们的收入通常来自夫妻双方的工资。两个人可能都有稳定的职业，并有机会提高收入。此外，双方可能还有其他的收入来源，如投资回报、租金收入等。

支出：两口之家的支出主要包括住房贷款或租金、生活费用、交通费、食品和日常开销等。此外，他们可能还需要支付保险费用、娱乐和旅行费用等。在这个阶段，夫妻可能会开始规划未来，包括储蓄和投资，为将来的家庭成长做准备。

注意事项：一是建立家庭预算。建立家庭预算，合理分配收入，避免浪费和过度消费。二是考虑购房计划。在这个阶段，可以考虑购房计划，为未来的居住和投资打下基础。三是建立长期储蓄计划。建立长期储蓄计划，为未来的财务规划做好准备。

吾家有娃是子女在大学前的阶段。在这个阶段，家庭的支出相对较高。

收入：吾家有娃阶段是指夫妻已经有子女，子女还未上大学的阶段。夫妻双方的收入可能会有所增加，因为他们在职场上的经验和技能发展，可能带来晋升和加薪的机会。此外，他们可能还有其他的收入来源，如投资回报、兼职工作等。

支出：吾家有娃的支出主要涉及子女的教育费用、托儿费、医疗费用、生活费用等。他们可能需要支付孩子的学费、衣物、食品、课外活动等费用。此外，他们可能还需要继续支付房贷或租金、保险费用、储蓄和投资等。

注意事项：一是建立子女教育储蓄计划。为子女的教育储蓄，提前做好规划，为子女的未来发展打下基础。二是精打细算，避免过度支出。在子女的教育阶段，家庭支出会相对较高，要注意精打细算，避免过度支出。三是考虑保险计划。在这个阶段，可以考虑购买家庭保险，为未来的风险做好准备。

子女成人是子女从上大学到成立家庭的阶段。在这个阶段，家庭的日常支出可能有所减少，但为孩子购买房产等大额支出可能迫在眉睫。

收入：子女成人阶段是指子女已经上大学或开始工作的阶段。在这个阶段，父母的收入可能相对稳定，因为子女已经开始独立并有自己的收入来源，父母可以有更多的机会将资金用于储蓄、投资和其他兴趣爱好。

支出：子女成人阶段的日常支出可能会相对减少，因为子女已经开始承担一部分生活费用和个人开支。父母可能还需要支付一些家庭开支，如房贷或租金、保险费用、健康护理费用等。但面临子女结婚或创业等人生重大事项，父母面临大额支出的诉求。此外，他们可能会继续关注储蓄和投资，为退休做准备。

注意事项：一是建立退休储蓄计划。为退休做好储蓄规划，提前做好准备。二是建立家庭储蓄计划。在子女成人后，积极筹划家庭重大事件支出的储备。三是考虑个人投资计划。在这个阶段，可以考虑个人的投资计划，了解各种投资方式，以获取更多的收益。

迎接退休阶段的子女已经独立，不再需要父母的资金支持。在这个阶段，收入有逐渐减少的可能性，但是支出也相应减少。

收入：迎接退休阶段后，人们的收入来源可能会发生变化。这里所谓的迎接退休阶段实际上并未退休，所以还是以工作收入为主，以投资收入为辅。投资收入包括但不限于定期存款、理财产品、基金、保险产品等的投资回报。

支出：支出方面主要包括日常生活开销，如食品、衣物、交通、通信、娱乐等基本生活费用；医疗保健费用可能显著增加，因此需要考虑医疗保险覆盖情况及自费部分；居住成本，如房屋贷款还清前的还款或房租、物业费、维护修缮等费用。此外，还有在休闲旅行与兴趣爱好上的支出等。

注意事项：一是提前规划。提早进行养老规划，确保足够的养老金储备。二是持续关注政策变化。及时了解养老金调整、个税政策变动等信息，以确保自己的权益不受影响。三是资产配置。合理分配资产，平衡风险与收益，保持资产流动性的同时追求稳健增值。四是健康保障。积极参与医保体系，考虑购买商业健康保险以补充社保不足。

安享晚年指的是退休之后的生活。在这个阶段，收入相对较低，但是支出也相对较少。

收入：安享晚年阶段，人们的收入主要来自退休金、养老金、个人储蓄和投资回报。他们可能会依赖之前建立的财务规划和投资组合来维持生活。

支出：安享晚年阶段的支出可能涉及日常生活费用、医疗保健费用、长期护理、旅行和娱乐等。此外，他们可能还需要考虑遗产规划、慈善捐赠和传承等方面。

注意事项：一是精打细算，合理分配收入。在收入有限的情况下，要学会合理分配收入，避免过度消费。二是建立长期资金使用计划。建立长期的资金使用计划，保证晚年生活的质量。三是考虑健康保险计划。在晚年，身体健康问题会更加突出，可以考虑购买尚有利可图的健康保险，为未来的健康问题做好准备。

第四章
职场新人投资心理学

职场新人在进行投资时，要逐步了解投资产品的基本知识和注意事项，了解自己的投资风格和倾向并保持谦虚和客观的态度。要根据自己的实际情况进行投资决策，避免盲目跟风和情绪化投资，以便更好地应对未来自身需求。

职场新人的投资心理特点

职场新人的年龄一般在 20 岁到 30 岁之间。对于职场新人来说，收入相对较低，加上花钱没有规划，所以很容易成为"月光族"。不过要想摆脱"手头紧"的状态，就必须重视主动性投资管理。这不仅是对钱财的管理，更是对职业和人生的规划。

1.职场新人的普遍特征

作为一名刚刚步入社会的职场新人，要面临居住、购车、职业、婚姻、事业等各种问题，也想分担父母的生活压力，承担一定的家庭责任。而未来会遇到很多财务需求，因此当前需要有计划地进行投资理财教育和初步规划。

职场新人的兴趣爱好主要集中在游戏、旅游、消费、运动等吃喝玩乐方面。这表明他们比较注重生活质量和享受，但也可能会忽略自己的未来规划和财务安全。

职场新人大多未婚，父母仍然是家庭经济支柱。这表明职场新人在财务规划和决策方面可能会受到父母的影响和干涉，需要更好地制订自己的财务计划，并在必要时与家人沟通和协商。

职场新人收入较低，月结余一般小于 3000 元，属于"月光族"。这意味着职场新人的财务压力较大，需要更好地规划和管理自己的财务，以避免不必要的花费和债务。

职场新人工作尚未得心应手，且心理上存在一定的不安全感和焦虑感，诸如工资不够花、个人能否升职、财务上能否自负盈亏、恋爱对象无着落等。这可能会影响职场新人的决策和行为，需要更好地管理自己的情绪和心态，以便更好地适应工作和生活的变化。

职场新人资产较少，仅配置存款和货币基金，偶尔激进。这表明职场新人的风险承受能力较低，但也有一定的探索精神和冒险意识。因为职场新人通常认为自己未来的赚钱能力呈上升趋势，因而他们的风险承担意愿不一定很低，这就需要在风险和收益之间作出合理的权衡。

2.职场新人投资心理分析

职场新人的投资心理特点可以概括为以下几点。

短期收益欲望较强：职场新人通常缺乏投资经验和知识，对市场的波动和风险缺乏深入了解，因此往往更加关注短期收益，希望能够快速获得回报。这也导致他们容易受到市场的短期波动和情绪的影响，作出不理性的投资决策。

缺乏系统性的投资知识和经验：职场新人通常缺乏系统性的投资知识和经验，很可能只是通过媒体或同事的口耳相传来了解投资市场，这就导致他们很难在投资中作出正确的决策，往往会犯错。例如，在看到市场上某只股票热卖时，会跟风买入，而不是基于自己的投资计划和风险偏好进行投资。同时，由于缺乏投资经验和知识，职场新人往往难以理解和把握市场的运作规律和风险控制策略。

投资目标不够明确：职场新人在投资时通常缺乏明确的目标和计划，不知道自己的投资目标是什么，也不知道该如何制订投资计划。这也导致他们容易盲目投资，缺乏系统性和可持续性。同时，由于缺乏明确的投资目标和计划，职场新人很难在投资中保持冷静和理性，容易受到市场的情绪和波动的影响。

风险偏好不够明确：职场新人通常缺乏明确的风险偏好，往往难以客观评估自己的投资风险承受能力。这也导致他们很难在投资中作出正确的决策，往往会盲目跟风或者过于保守，在风险和收益之间难以作出合理的平衡。

如何建立正确的投资观念

对于职场新人来说，建立正确的投资观念是非常重要和必要的，因为一个正确的投资观念可以帮助他们在职业生涯中达成财务目标。

1.学习投资基础知识

了解投资的基本知识是建立正确的投资观念的基础。在职场中，学会投资可以帮助职场新人更好地管理自己的财务，提高自己的财富水平和财务自由度。投资品种种类繁多，包括存款、债券、保险、基金、股票、房地产等。职场新人可以通过阅读投资书籍、参加投资教育课程等方式来学习投资知识。

在学习投资知识的同时，了解市场的运作规律和风险控制策略也很重要，可以帮助职场新人更好地理解市场，从而在投资中作出正确的决策。例如，了解市场情绪的影响，可以帮助职场新人避免情绪化投资，在市场波动时保持冷静和理性。掌握投资的基本知识和市场规律，可以帮助职场新人更好地把握投资机会，实现财富增长。

2.制订明确的投资目标和计划

制订明确的投资目标和计划是建立正确的投资观念的重要一步。在制订投资目标和计划时，职场新人应该考虑自身的财务状况、风险承受能力和理财偏好等因素，以及所面临的市场环境和投资机会。投资目标应该具有可实现性和可衡量性，同时也要考虑风险。投资计划应该根据自身的风险承受能力和理财偏好，选择合适的投资品种和策略。建立适合自己的投资组合，将资金分散投资，降低风险。制订明确的投资目标和计划有助于职场新人更好地控制投资风险，同时也可以更好地实现投资目标。

在投资过程中，职场新人应根据自己的投资目标和计划，始终保持冷静和理性，不被市场情绪左右，作出正确的投资决策。

3.理性看待投资风险和收益

理性看待投资风险和收益是建立正确的投资观念的关键。职场新人应该根据自身的风险承受能力和投资目标，作出合理的风险和收益的平衡。不要盲目追求高收益，也不要过于保守。同时，需要注意投资风险的来源，如市场风险、信用风险、流动性风险等，选择合适的投资品种和策略来降低风险。

在制定投资策略时，职场新人应该根据自己的投资目标和计划，选择适合自己的投资品种和策略，以实现长期稳健的财富增长。同时，职场新人还应该了解投资产品的各项费用和税务政策等因素，以便更好地控制投资成本。通过理性看待投资风险和收益，职场新人可以更好地实现长期的财务保障。

4.避免跟风和情绪化投资

职场新人应该避免盲目跟风和情绪化投资。应该努力保持冷静和理性，不受市场情绪的影响，作出理性的投资决策。同时，应避免过于频繁的交易，以免增加投资成本和风险。

了解投资市场的基本规律和趋势是避免跟风和情绪化投资的重要手段。职场新人应该关注市场的基本面和宏观经济情况，了解不同投资品种的特点和市场表现。同时，职场新人还应该学会分析和预测市场的走势，掌握基本的宏观和微观分析方法。在投资过程中，职场新人还应该注意市场情绪和投资者行为的影响，不要盲目跟风或情绪化投资。了解投资市场的基本规律和趋势，可以帮助职场新人更好地掌握市场的投资机会和风险，作出正确的投资决策。同时，职场新人还应该保持不断学习和更新知识的态度，跟随市场的变化和发展，不断提升自己的投资能力和水平。

5.长期持有和定期投资

长期持有和定期投资是建立正确的投资观念的重要方面。长期持有可以让职场新人更好地享受时间的增值效应，同时也可以避免短期市场波动带来的影响。定期投资可以让职场新人在不同的市场情况下，通过分散投资来降低风险，并逐步积累财富。

通过长期持有和定期投资，职场新人可以更好地实现财务目标。同时，职场新人还应该注意定期检查自己的投资组合，及时调整投资策略和重新制订投资计划。在投资过程中，职场新人应该注重长期规划和战略，避免盲目跟风和追求短期高收益。通过长期持有和定期投资，职场新人可以更好地实现财务自由，提高自己的财富水平和生活品质。

6.注重投资伦理和社会责任

建立正确的投资观念还需要职场新人注重投资伦理和社会责任。建立正确的投资观念和投资伦理，可以让职场新人实现自身价值和社会价值的双重提升。

在投资过程中，职场新人应该遵守法律法规和市场规则，不参与不合法或不正当的投资行为。同时，职场新人还应该注重投资的社会责任和环保意识，选择具有可持续性和社会责任感的投资品种和企业，避免投资环境恶劣或有害社会公共利益的企业或项目。

7.寻求专业的投资建议和帮助

职场新人可以寻求专业的投资建议和帮助，如咨询投资顾问、参加投资教育课程等。同时，应该多参与投资社群，与其他投资者交流，分享经验和观点。

例如，参加投资教育课程和培训，这可以帮助职场新人了解投资市场的基本知识和投资策略，提高自身投资技能和水平，增强对市场的理解和把握；也可以加入投资社群或论坛与其他投资者交流经验和观点，分享投资心得和策略，提高投资能力和水平；还可以选择合适的投资产品和平台，如股票交易平台、基金投资平台等，进行投资并获得专业的投资建议和帮助。

如何规划职业发展和财务目标

职场新人规划自己的职业发展和财务目标，需要根据自身实际情况和市场环境作出合理的决策，同时不断学习和更新相关知识和技能，才能实现自身的职业和财务目标。

1.职场新人的职业发展规划

对于职场新人来说，职业发展规划非常重要。它不仅能帮助他们定位自己的职业目标，也能帮助他们找到达到这些目标的途径。以下是一些关于规划职业发展的建议。

确定职业目标：职业目标是职业发展规划的基础。在规划职业发展之前，首先要明确自己的职业目标。你想在职业生涯中达到什么样的地位？你想成为一个专家，还是想成为一个管理者？只有明确了自己的职业目标，才能制订出相应的职业发展计划。

自我评估：在确定职业目标之后，要了解自己的技能、兴趣和价值观。你对哪些领域感兴趣？你擅长做什么？你有哪些优势？你有哪些劣势？这些因素将影响你的职业满意度和成功，有助于你选择适合自己的职业。必要时应进行职业测评或者咨询专业的职业规划师。

进行市场调研：了解你所在的行业和你想进入的行业。这些信息可以帮助你了解哪些技能和知识是被需求的，以及哪些职业有良好的发展前景。

制订职业发展计划：根据你的职业目标、自我评估和市场调研，制订一个具体的职业发展计划。职业发展计划包括短期目标和长期目标，短期目标可以帮助你在短期内取得进步，长期目标可以帮助你在长期内实现自己的职业目标。具体来说，这个计划应该包括你打算如何提升技能、提高教育水平，以及获取必要的工作经验。

持续学习和进取：在制订了职业发展计划之后，还要不断学习和提升自己。随着社会的发展，知识更新的速度越来越快，只有不断学习和提升自己，才能跟上时代的发展，在激烈的竞争中脱颖而出。你可能需要定期参加培训课程，或者自我学习新的技能和知识。同时这也有助于你建立一个强大的职业关系网络。另外，在执行计划的过程中，要定期进行回顾和调整。你可以设定一些短期和长期的目标，以帮助你保持动力和聚焦。调整计划也是一种学习。

2.职场新人的财务目标规划

通过合理规划财务目标，可以帮助职场新人达成重要生活目标。作为刚踏入职场的人群，如何规划自己的财务目标，作好理财规划？本书认为，应从分配收入比例、储蓄计划，以及选择适合自己的投资方式等三个方面进行。

职场新人刚开始工作，收入不高，所以在分配收入时要合理规划，才能保证日常生活开支和未来的财务目标。一般来说，可以按照以下比例分配收入：50%用于日常生活开支，30%用于储蓄，20%用于投资。当然，这个比例只是一个参考，每个人的情况不同，可以根据自己的实际情况进行调整。尤其是对于一些收入较高或支出较少的职场新人来说，更需要适当调整这些比例。

储蓄是每个人理财的第一步，也是实现财务目标的基础。储蓄可以用于应对突发事件、购买大件物品、投资理财等。职场新人可以根据自己的收入和支出情况制订一个储蓄计划，并坚持执行，以确保自己能够在未来应对各种情况。例如，可以设定一个短期目标，例如，存储3个月到6个月的生活费用，以应对可能的突发事件。此外，还可以设定长期储蓄目标，例如，存储一定比例的收入以用于退休或其他重要目标。

投资是增加财富的一种方式，但投资有风险，选择需谨慎。职场新人可以根据自己的风险承受能力和投资目标选择适合自己的投资方式，以增加自己的财富。这可能包括股票、债券、基金、房地产等不同的投资方式。这需要了解不同投资方式的风险和回报，并根据自己的财务目标和风险承受能力选择合适的投资方式。

在制定财务目标规划时，还需要注意以下三点：要量入为出，根据自己的收入和支出情况制定合理的财务目标；要坚持执行，财务目标不是一蹴而就的，需要坚持不懈地努力；要不断学习，随着时间的推移，需要不断学习新的财务知识，以适应不断变化的市场环境。

如何进行理性的投资决策

理性的投资决策可以帮助职场新人在投资中获得更高的回报和更低的风险。职场新人需要通过了解投资知识、制订投资计划、分散投资组合、定期评估和调整投资组合以及避免投机和赌博行为等措施,进行理性的投资决策。这些措施可以帮助他们更好地管理自己的财务,实现自己的财务目标。

1.了解投资知识

职场新人需要了解投资的基本知识,以便作出理性的投资决策,要了解投资的基本概念,如资产种类、风险和回报的关系、市场趋势等。此外,职场新人还要了解不同类型的投资产品和工具,如股票、债券、基金、房地产等,可以通过阅读书籍、参加投资课程或咨询专业投资顾问来获取这些知识。

2.制订投资计划

职场新人需要制订自己的投资计划,以便作出理性的投资决策。要确定自己的投资目标、投资时间、风险承受能力等。投资目标可能包括长期资产积累、退休储备、教育储备等。投资时间可能包括短期、中期和长期投资。风险承受能力可能包括保守型、稳健型和进取型等。制订投资计划可以帮助职场新人更好地选择适合自己的投资方式，并避免盲目跟风或情绪化投资决策。

3.分散投资组合

职场新人应该采取分散投资的策略，以降低整体投资组合的风险。分散投资是指将投资分散在不同的投资品种和资产类别中，以避免单一资产的风险。例如，可以投资不同类型的股票、债券、基金等。分散投资可以帮助职场新人更好地管理风险，并实现长期的财务规划和投资收益。

4.定期评估和调整

职场新人需要定期评估和调整自己的投资组合，以确保其与自己的投资目标和风险承受能力相符。定期评估投资组合可以帮助他们了解投资组合的表现，以及是否需要进行调整。可以根据市场变化和自己的投资目标进行调整，避免因情绪化和盲目跟风等原因导致的投资失误。

5.避免投机和赌博行为

职场新人需要避免投机和赌博行为，如短期交易、盲目跟风、过度杠杆等。这些行为可能会导致高风险和高损失，不利于长期的财务规划和投资收益。职场新人应该坚持长期投资策略，并避免作出冲动的投资决策。应该根据自己的投资目标和风险承受能力选择合适的投资方式，遵循基本的投资原则。

如何避免职业和投资中的常见错误

职场新人在职业和投资中可能会犯一些错误，诸如过度自信、过度承诺、过度消费等。这就需要通过自我认知和学习，避免这些错误的出现。

1.避免过度自信

职场新人可能会因为缺乏经验而犯下过度自信的错误。这种错误可能表现为不谦虚、不虚心学习、不听取他人意见、不重视反思和改善等。这种过度自信在和家人的沟通中表现得更为明显。

职场新人应该认识到自己的局限性，虚心学习，并不断提高自己的知识和技能水平，可以通过寻求指导和建议、参加培训和课程、阅读相关书籍和文章等方式来提高自己的能力和知识水平。

2.不要过度承诺

职场新人可能会因为想要展示自己的能力而承诺过多，从而导致无法履行承诺。这种错误可能表现为无法完成工作任务、延误工作进度、影响团队效率等。

职场新人应该认真评估自己的能力和时间，合理安排工作和生活。可以通过与领导和同事沟通、合理分配工作任务、制定优先级等方式来避免过度承诺和工作负荷过重的情况。

3.避免依赖他人

职场新人需要独立思考和解决问题，而不是过度依赖他人。过度依赖他人可能表现为无法独立完成工作任务、缺乏自我管理和自我激励的能力等。

职场新人应该学会自我管理和自我激励，发展自己的能力和资源。可以通过寻求反馈和建议、参加培训和课程、开展自我反思和总结等方式来提高自己的能力和自我管理能力。

4.不要过度消费

职场新人可能会因为想要展示自己的成功和地位而过度消费，从而导致财务困境。这种错误可能表现为无法有效控制支出、无法合理规划财务、无法积累财富等。

职场新人应该制订合理的消费计划，并保持适度的消费习惯。可以通过制定预算、控制支出、规划储蓄、投资理财等方式来避免过度消费和财务困境。

5.避免情绪化投资

职场新人在投资过程中可能会因为情绪化而作出错误的投资决策，如盲目跟风、恐惧或贪婪等。这种错误可能导致投资失败、损失资金、影响心态等问题。

职场新人需要保持冷静和理性，根据自己的投资计划和风险承受能力作出投资决策。可以通过研究市场数据、制订投资计划、分散投资、定期评估和调整投资组合等方式来避免情绪化投资和投资失误。

适合职场新人的投资理财产品

对于职场新人来说,需要根据自己的风险承受能力、投资目标和时间等因素选择投资理财产品,并且需要注意投资风险和收益的问题,避免盲目跟风和情绪化投资。同时,也需要了解相关产品的基本知识和投资技巧,以便更好地进行理财规划和投资决策。适合职场新人的投资理财产品有定期存款、货币基金、银行理财、债券型基金、股票型基金、保险等。

1.定期存款

定期存款是一种风险较低、收益稳定的投资理财产品,适合职场新人进行中短期投资。定期存款的期限一般为3个月至5年,收益率相对较低,但比较安全可靠。在单一银行50万元以内的存款是有保障的。

购买注意事项:选择定期存款时需要注意存款期限和利率,个别中小银行存在信用风险,同时经济发展还容易引发通货膨胀导致的相对收益损失。

2.货币基金

货币基金是一种投资于短期货币市场的基金,适合职场新人进行短期理财。货币基金的收益率相对较低,但风险也相对较低,流动性相对较强。

购买注意事项：选择货币基金时需要注意货币基金的收益率、走势和交易规则，同时也需要留意宏观利率的走势。

3.银行理财

银行理财是一种以银行为投资主体的风险相对较低的投资产品，适合职场新人进行中短期投资。银行理财的收益率相对比较稳定。

购买注意事项：选择银行理财产品时需要注意产品净值化的波动风险和通货膨胀风险，同时也需要留意理财产品的期限和宏观投资环境的变化。

4.债券型基金

债券型基金主要投资于债券类资产，存在一定的风险性，但收益也相对稳定，是职场新人投资的重要选择。

购买注意事项：债券型基金需要对宏观投资环境、基金公司、基金经理、基金规模、历史收益数据进行综合评估，以保证相对稳健的收益水平。

5.股票型基金

股票型基金是一种主要投资股票市场的基金，适合职场新人进行长期投资和资产配置。股票基金可以分散投资风险，同时也可以享受股票市场可能带来的超额收益。

购买注意事项：选择股票基金时需要注意基金公司的评级、基金经理的投资经验和基金的投资策略，同时也需要注意股票市场的风险和波动性。股票基金的风险较大，要根据自己的风险承受能力来投资。

6.保险

保险是一种由保险公司推出的保障型产品，适合职场新人进行中长期规划。保险可以转移风险，同时有的产品也可以享受投资收益。

购买注意事项：选择保险时需要注意保险公司的评级和偿付能力，同时也需要了解保险产品的保障范围和保障期限。

第五章
单身精英投资心理学

单身精英通常有了一定的职场阅历,还尚未成家,收入中个人可支配比例高,风险承受力较强。由于面临购房、买车、结婚等问题,此群体大部分人士应根据个人情况制订投资计划,通过风险评估和风险管理,选择合适的投资渠道,并能够平衡工作、投资和生活。

单身精英的投资心理特点

单身精英的年龄一般在 25 岁到 35 岁之间，大多数都工作不错，处于事业上升期。单身精英通常具备较为理智的思维，因为物质基础和精神基础相对较好，生活目标和投资目标会有明显差异。为此必须学习投资理财知识，掌握其中的方式方法，而了解自身的投资心理特点是打好财务基础的第一步。

1. 单身精英的普遍特征

所谓"单身精英"，是指那些个性独立、有自己的想法、财务基础较好，并且相对理性的单身人士，他们在各个方面展现出了一些共同的特点，诸如独立性格和理性思维、多元化的兴趣爱好、关注家庭和父母等。这些特征使得他们在个人生活和事业发展中展现出了一定的优势和独特性。

单身精英通常对自己的生活和决策有较为清晰的思考和规划。他们不容易受他人情绪的影响，更倾向于根据自己的价值观和理性思考来作决策。

单身精英对生活充满热情，他们喜欢追求多样化的兴趣爱好。这包括读书、旅游、消费和运动等方面。他们喜欢尝试新鲜事物，对于不同的领域都有一定的了解和参与。

单身精英虽然是单身,但他们通常对家庭和父母有很强的责任感。他们关心父母的养老问题,尤其是当父母面临退休时,会考虑如何照顾他们并确保他们的生活质量。

单身精英一般是白领或创业者,对于职业发展抱有追求卓越的态度。他们通常有稳定的收入,月收入1万元以上,且可支配收入比例较高。他们注重财务管理,善于理财规划,通常会选择综合配置的方式进行投资。

对于单身精英来说,婚姻问题是一个值得思考和关注的话题。他们可能担心自己的婚姻状况以及未来的伴侣选择。他们可能更注重寻找一个与自己价值观相符、能够互相支持和理解的伴侣。

单身精英通常对投资和金融有一定的了解和兴趣。他们关心自己的资产保值和增值,可能愿意承担一定的风险,并愿意接受新的投资方式和金融工具。

2.单身精英投资心理分析

单身精英在投资时可能展现出独立决策、目标导向、风险承受能力较强、投资多样化、具备基础投资知识以及长期视角等心理特征。这些特征使他们能够作出相对理智的投资决策,并努力在长期的投资过程中实现财务目标。

独立决策:由于单身精英通常以理性为导向,他们在投资时更倾向于基于逻辑和数据进行决策。他们可能会进行深入的研究和分析,以确保他们的投资决策是有根据的和可行的。他们习惯独自承担责任,并依靠自己的判断和分析作出投资决策，因此更倾向于自主管理自己的投资组合，而不过度依赖他人的建议或意见。

目标导向：单身精英通常会有较强的目标意识，并制定相应的计划和策略。他们注重长期规划和财务目标的实现，会更加注重资产增值和长期投资回报。

风险承受能力：由于单身精英一般有稳定的收入和一定的积蓄，他们对风险有一定的承受能力。然而，他们通常会适度保持谨慎，通常对风险有一定的敏感性，并注重风险管理，不会盲目追求高风险高回报的投资，而是更倾向于在风险可控的范围内进行投资。他们可能会在投资中设定风险承受的底线，并会仔细权衡潜在的风险和回报。

投资多样化：单身精英会倾向于将资产分散投资于不同的领域或资产类别，以降低风险。他们可能会选择多样化的投资产品，如股票、债券、房地产、基金等，以实现资产的有效配置和收益的最大化。

投资知识：单身精英通常对投资有一定的兴趣，他们可能会主动积累相关的投资知识，如参与投资培训、阅读专业书籍、跟踪市场动态等，以提升自己的投资能力和决策水平。

长期视角：由于单身精英通常更关注自己的职业发展和未来的婚姻问题，目标感较强，因而具备长期视角。在投资中，他们可能更注重长期投资回报和资产增值，而不仅仅是短期的市场波动和快速获利。他们可能会制订长期投资计划，并阶段性检视自己的投资计划。他们可能会有耐心地等待投资成果，并相信长期投资的价值。

如何根据个人情况制订投资计划

作为处于事业上升期的单身精英,制订投资计划是一项重要的任务,它可以帮助单身精英根据自身情况和目标作出明智的投资决策。单身精英在制订投资计划时首先应该考虑自己的财务目标、风险承受能力等因素,并注重选择投资产品,也应把握投资计划的制订、检查和调整的方法。

1.确定投资目标

单身精英应该确定自己的投资目标,包括短期目标(如购买房产、旅行等)和长期目标(如退休储备、子女教育基金等)。在确定投资目标时,可以从时间角度考虑,也需要从家庭收入和支出需求角度考虑。确切的投资目标可以帮助单身精英确定投资计划的时间范围、所需的回报率以及风险承受能力。

2.评估风险承受能力

单身精英应该了解自己的风险承受能力,即能够承受的风险程度。这取决于个人的收入、负债、资产、支出、家庭状况等因素。了解自己的风险承受能力可以帮助单身精英选择适合自己的投资产品和策略。一般来说,作为25岁到35岁的年轻单身精英愿意承受更高的风险,因为他们有"试错"的资本,有更多的时间来弥补损失。

3.选择投资产品

单身精英可以选择股票、债券、基金、房地产等投资产品来实现投资计划。单身精英应该考虑将资金分散投资于不同的资产类别和市场，以降低风险。每个资产类别的表现可能会有所不同，因此通过分散投资，可以平衡不同资产的风险和回报，同时也有助于满足自己的投资目标，适应风险承受能力。

另外，选择投资产品时要考虑自己的投资时间和流动性需求。如果有短期的资金需求（如购买房产或支付大额开支），则需要选择风险相对较低且易于流动的投资产品。而对于长期投资，可以考虑更具成长潜力的资产类别，如股票、基金或房地产。

4.制订、检查和调整投资计划

根据自己的财务目标、风险承受能力和投资知识水平，单身精英可以制订适合自己的投资计划。投资计划应该包括投资目标、资产配置策略和风险控制措施等。另外，如果对投资领域不太了解或不确定如何制订投资计划，那么可以考虑寻求专业的投资建议。金融顾问或投资专家可以根据个人情况提供个性化的建议，并帮助制订合适的投资计划。

投资计划不是一成不变的，单身精英应该定期审查和调整自己的投资组合。市场条件、个人情况和目标可能会发生变化，因此应根据需要进行相应的调整。定期审查投资组合的表现，并根据需要重新平衡资产分配。同时，应该保持冷静，避免过度交易和盲目跟风。

如何进行风险评估和风险管理

单身精英进行投资风险评估和投资风险管理需要综合考虑自身情况和市场变化,采取科学有效的方法和投资策略,以实现自己的投资目标和获得更好的投资回报。

1.单身精英的投资风险评估方法

(1)财务状况评估。单身精英需要先评估自己的财务状况,包括个人资产、负债情况、收入和支出结构等方面。通过了解自己的财务状况,可以更好地把握自己的投资风险承受能力。

(2)投资目标评估。单身精英需要明确自己的投资目标,进而确定投资期限、收益预期等方面。通过明确自己的投资目标,可以更好地制订投资计划和评估投资风险。

(3)投资组合风险评估。单身精英需要评估自己的投资组合风险,包括资产种类、分散度、投资比例等方面。通过评估投资组合风险,可以更好地控制投资风险和提高投资回报。

(4)市场风险评估。单身精英需要评估市场风险,包括宏观经济环境、行业发展趋势、政策变化等方面。通过评估市场风险,可以更好地把握市场变化和投资机会。

（5）投资产品风险评估。单身精英需要评估投资产品的风险和收益情况，包括股票、债券、基金等多种投资产品。通过评估投资产品的风险和收益情况，可以更好地选择适合自己的投资产品。

2.单身精英的投资风险管理策略

（1）分散投资风险。单身精英需要在投资组合中分散投资风险，避免把所有的资金都投入同一种资产类别，以及在同类别中投入相似资产，从而降低整体投资风险。例如，可以通过投资不同行业、不同地区、不同类型的基金等方式来分散投资风险。

（2）控制投资比例。单身精英可以通过控制投资比例来降低投资风险，避免过度投资某一种资产类别或同一只股票。例如，可以控制单一股票占投资组合总资产的比例，或者控制某一种类型基金的投资比例。

（3）定期调整投资组合。投资是一个动态的过程，需要定期检查和调整投资组合，以适应市场变化和个人投资目标的变化。单身精英需要定期检查投资组合，根据市场变化和个人需求来调整投资组合，以降低投资风险和提高投资回报。

（4）建立紧急备用金。在投资的同时，单身精英也需要建立紧急备用金，以应对突发的财务需求或风险事件。建议单身精英将3个月到6个月的生活费用作为备用金，以确保在发生紧急情况下自己能够积极应对。

（5）学习和了解市场知识。对于单身精英来说，学习和了解市场知识是非常重要的，可以帮助他们更好地理解市场变化和投资机会，从而作出更明智的投资决策。建议单身精英定期关注市场动态、参加投资课程或者阅读相关投资书籍等方式来提高自己的投资水平。

如何平衡工作、投资和生活

在当今社会,单身精英通常会面临一些独特的挑战,其中之一就是如何在工作、投资和生活之间找到一个平衡点。单身精英通常拥有较满的日程安排和较高的可支配收入,但也需要面对更多的选择和压力。因此,他们需要学会平衡工作、投资和生活,以实现自己的理财目标和生活品质的提高。

1.工作:适合的职业、工作时间和强度、工作乐趣

对于单身精英而言,事业发展通常是非常重要的,因为他们通常需要在职场中竞争和展示自己的能力。然而,过度投入工作也会导致焦虑、疲劳和身体健康问题。因此,单身精英需要找到一个平衡点,以确保自己的职业生涯得以顺利发展,同时不会影响到自己的身体健康和个人生活。

首先,单身精英需要选择一个适合自己的职业和行业。他们需要在职业发展方面有一个明确的目标和计划,以避免在职场中盲目浪费时间和精力。同时,他们也需要不断地提升自己的职业能力和技能,以保持竞争力和适应职场变化。

其次,单身精英需要掌握好工作时间和工作强度。他们需要合理安排工作时间,以确保自己有足够的时间休息和娱乐。同时,他们也需要注意自己的工作强度，避免过度加班和工作压力过大，导致出现身体和心理健康问题。

最后，单身精英需要在工作中寻找乐趣和成就感，以保持对工作的热情和动力。他们可以寻找与自己兴趣相关的工作或项目，或者在工作中挑战自己，实现自己的职业目标和梦想。

2.投资：渠道和产品、资金和时间、投资心态

对于单身精英而言，投资是实现财务自由和财富增值的重要途径之一。然而，他们也需要注意投资风险和投资时间的平衡，以避免过度投入和损失时间价值。

首先，单身精英需要选择适合自己的投资渠道和投资产品。他们需要了解不同投资渠道和产品的风险与回报，根据自己的风险偏好和投资目标，选择适合自己的投资方向和产品。

其次，单身精英需要合理分配自己的投资资金和时间。他们需要将投资资金分散到多个投资渠道和产品中，以实现风险分散和收益最大化。同时，他们也需要考虑自己的投资时间和收益预期，避免过度投入和失去对主业的投入时间。

最后，单身精英需要具备良好的投资心态，时刻保持警惕和冷静，避免盲目跟风和冲动投资。他们需要了解市场动态和投资产品的基本面，制定合理的投资策略和计划，以实现长期稳健的财富保值、增值。

3.生活：生活习惯、兴趣爱好和社交、享受生活

单身精英通常也需要注意自己的生活品质和幸福感，以保持身心健康

和个人发展。他们可以通过参加兴趣爱好、社交活动等方式丰富自己的生活,从而实现工作、投资和生活的平衡。

首先,单身精英需要养成健康的生活习惯。他们需要定期运动,保持良好的饮食习惯和规律的睡眠时间,以保持身体健康和精神状态良好。同时,他们也需要注意心理健康和情感关系,避免孤独和压力过大。

其次,单身精英需要参加各种兴趣爱好和社交活动。他们可以参加运动俱乐部、读书会、旅游活动等,从中结交朋友、扩大社交圈子,并丰富自己的生活体验和视野。

最后,单身精英需要学会放松和享受生活。他们可以在工作和投资之余,参加一些休闲娱乐活动,如看电影、听音乐、品酒等,以缓解压力和放松身心。

适合单身精英的投资理财产品

单身精英选择适合自己的投资理财产品,需要根据自己的风险偏好、收益期望、资金规模和时间周期等因素来综合考虑。适合单身精英的投资理财产品有定期储蓄、国债、货币基金、银行理财、债券型基金、指数型基金、股票型基金,以及优质上市公司股票。

1.定期储蓄

定期储蓄是一种风险较低、收益稳定的投资理财产品。单身精英可以在银行开设定期储蓄账户，定期存入一定金额的资金，以获取一定的利息收益。

购买注意事项：单身精英选择定期储蓄，要注意储蓄期限和利率，选择合适的储蓄期限和利率，以达到收益最大化。

2.国债

国债是一种政府债务工具，具有较低的信用风险和较稳定的收益。单身精英可以通过购买国债获取收益。

购买注意事项：单身精英选择国债，要注意其发行时间和利率，选择合适的发行时间和利率，以达到收益最大化。

3.货币基金

货币基金是一种短期理财产品，通常具有高流动性和较低的风险。单身精英可以通过购买货币基金获取收益，并在需要时随时取出资金。

购买注意事项：要注意货币基金的收益和费用，选择收益稳定、管理费用低的货币基金。同时，需要关注货币基金的资产配置和流动性，以降低风险。

4.银行理财

银行理财是一种风险较低的投资理财产品。单身精英可以通过在银行购买理财产品，获取较稳定的收益。

购买注意事项：要注意理财产品的收益和风险，选择收益稳定、风险较低的理财产品。同时，需要了解理财产品的费用、期限和赎回规定，以便及时调整投资组合。

5.债券型基金

债券型基金是一种以债券为主要投资对象的基金,具有较低的风险和较稳定的收益。单身精英可以通过购买债券型基金获取收益。

购买注意事项:要注意债券型基金的投资品种和信用等级,选择具有较高信用等级的债券型基金。同时,需要关注债券型基金的收益和费用,选择管理费用低、收益稳定的基金。

6.指数型基金

指数型基金旨在复制并追踪某一特定股票市场指数(如标普500指数、沪深300指数等)的走势和收益表现。单身精英可以通过购买指数型基金获益。

购买注意事项:购买指数型基金时,首先,要关注其跟踪的指数、费率水平(尤其是管理费和托管费)以及跟踪误差大小,以确保基金能有效复制指数表现且投资成本较低。其次,了解基金所追踪指数的构成及其市场风险特征,并结合自身风险承受能力做出选择。最后,还须注意交易规则,包括申购赎回费用结构及短期持有可能产生的额外成本,根据投资需求和习惯选择普通开放式基金、ETF或ETF连接基金等不同产品类型。

7.股票型基金

股票型基金是将资产主要配置在股票上,目的是通过分散投资于多只股票来获取市场平均收益或超越市场表现。单身精英可以借此获益。

购买注意事项:购买股票型基金时,应充分考虑自身风险承受能力和投资期限,评估基金的长期业绩表现、基金经理团队实力以及投资策略。

关注基金的各项费用成本，并结合市场时机选择合适的投资方式（如定投）。同时，确保对基金的投资风格、行业配置、历史业绩有清晰的了解，并选择信息披露及时、透明度高的产品进行投资决策。

8.优质上市公司股票

优质上市公司股票一般指的是蓝筹股票和成长型股票。蓝筹股票是指在证券市场上具有较高市值、较大规模、较为成熟和稳定的公司股票。蓝筹股票具有较低的风险和较稳定的收益。单身精英可以通过购买蓝筹股票获取收益。购买蓝筹股票要注意其财务状况和估值水平，选择财务状况良好、估值合理的蓝筹股票。同时，需要了解市场行情和公司内部情况，及时进行投资调整。

成长型股票是指在证券市场上具有较高成长性、较高风险和较高收益潜力的公司股票。单身精英可以通过购买成长型股票获取更高的收益，但也需要承担更高的风险。购买成长型股票要注意其投资品种和业绩增长情况，选择具有较高业绩增长潜力的成长型股票。同时，需要关注市场行情和公司内部情况，及时进行投资调整，以降低风险。

第六章
两口之家投资心理学

两口之家财务上一般都有一定的负担,再加上各种人生目标的影响,因此需要妥善规划家庭财富,协商处理家庭财务问题,理性进行家庭投资决策,也要力避家庭投资中的常见错误,从而为将来打好家庭财务基础。

两口之家的投资心理特点

两口之家主要是在结婚之后,尚未生育孩子,家庭中只有夫妻二人,家庭的核心只是夫妻二人。两口之家处于家庭的形成期和发展期,这时的投资心理特点主要表现为对安全感需求强烈、风险承受能力有限、人生目标逐渐清晰、投资偏好通常变化较多等。在进行投资决策时,需要根据自身的情况和需求,选择适合的投资产品,并注意规避投资风险,实现投资目标的最大化。

1.两口之家的普遍特征

在两口之家的投资理财中,家庭成员的年龄、职业、收入、支出结构、投资偏好和风险承受能力等因素都会对投资理财产生影响。

大多数两口之家处于正在规划生育子女的阶段,小两口的父母逐渐开始步入退休生活。家庭成员的教育程度和职业背景有所不同,但普遍具有一定的社会经验和职业技能。

两口之家的工作情况不尽相同,可能有一方或双方就业,也可能有一方或双方专职照顾家庭。收入水平因人而异,但普遍具有一定的家庭收入来源,如工资、租金等。综合一些机构的数据来看,在中国的大多中小城市,两口之家月收入超过8000元的不多,大部分普通人的工资都在3000元到4000元左右。而在一线城市中,普通人的月收入一般都超过5000元。

两口之家的资产配置较为集中,可能包括房产、银行存款等,资产规模和配置方式因人而异。同时,两口之家的资产配置存在一定的局限性,如缺乏多元化的投资渠道和工具、缺乏专业的理财规划和管理等。

两口之家的投资理财诉求开始偏向于稳健和保守,重视资产保值和稳健增值。同时,也有一部分家庭希望通过投资理财实现资产增值和收益,改善家庭生活和财务状况。

两口之家的投资偏好和风险承受能力因人而异。一般来说,两口之家的投资偏好大部分时间偏向稳健,更倾向于选择低风险低收益的投资品种,如银行存款、货币基金等。而对于风险承受能力较高的家庭,则可能会选择一定比例的股票、基金等高风险高收益品种,以期获得更大的回报。

总的来看,两口之家的普遍特征是,家庭收入水平较为稳定,资产配置较为分散但存在局限性,投资理财诉求较年轻时变得稳健,投资偏好和风险承受能力因人而异。在投资理财中,两口之家的投资偏好和风险承受意愿转向保守,重视资产保值和稳健增值。

2.两口之家投资心理分析

随着人生诉求的多元化以及金融市场的不断发展和创新,越来越多的家庭开始将投资视为一项重要的生活任务。而对于两口之家来说,投资理财的重要性更加凸显。两口之家的投资心理受到多种因素的影响,包括经济压力、风险承受能力、投资知识、个人偏好和家庭规划等。家庭成员需要了解自己的实际情况和需求，制订出符合自己特点和目标的投资计划，从而实现更好的财务管理和未来规划。

家庭中可能存在着经济压力，如日常开销、车贷、房贷等。这些经济压力可能导致家庭成员对投资感到焦虑和不安，希望通过具有确定性的投资方式来实现财务安全和稳定。

两口之家的风险承受能力因人而异，可能受到财务基础、职业、资产规模等因素的影响。一般来说，两口之家的投资心理风险偏好适中，更倾向于选择中低风险与收益的投资品种，以确保资产的安全性和稳健性。

两口之家的投资知识水平也会对投资心理产生影响。如果家庭成员对投资缺乏了解，可能会感到不安和迷茫，不知道该如何选择投资品种和配置资产。而如果家庭成员具有一定的投资知识和经验，可能会更加自信和从容地进行投资决策。

两口之家的投资偏好也会因人而异。一些家庭可能更喜欢长期稳健的投资方式，如购买房产、银行存款、保险等；而另一些家庭可能更喜欢高风险高收益的投资品种，如股票、基金等。这些个人偏好会对投资心理产生影响。

两口之家可能有一定的家庭规划，如未来的子女养育、父母养老等。这些规划需要家庭成员在投资决策中考虑到，以便更好地实现未来的财务安排和目标。

两口之家如何进行投资规划

投资规划是一项重要的生活技能,也是现代家庭财务管理的必备能力。对于两口之家来说,投资更加重要。两口之家的投资规划需要考虑到家庭成员的年龄、收入、资产配置偏好、风险承受意愿等因素,以制定适合自己的投资计划和财务规划。本节旨在探讨两口之家的理财规划和投资策略,提供一些有益的建议和参考,帮助读者更好地管理自己的财富与人生规划。

1. 分析家庭财务状况

分析家庭财务状况是制定家庭投资规划的首要环节。家庭成员需要全面了解家庭的财务状况,包括收支情况、资产负债情况等,以便更好地把握自己的财务状况和制订合理的投资计划。

家庭成员可以通过收集和整理家庭的财务数据,如银行账单、信用卡账单、投资账户等,来了解家庭的收入和支出情况。同时,还需要了解家庭的资产负债情况,包括房产、车辆、负债等方面的情况,以便更好地评估自己的净资产和财务健康状况。

在了解了自己的财务状况后,家庭成员可以明确自己的理财目标。投资目标是制订投资计划的前提和基础,需要根据家庭的实际情况和需求来确定。

例如,家庭成员可以根据未来养育子女的需求来制定教育储备目标;根据房屋贷款情况来制订还款计划和资产配置目标;根据退休年龄和收入水平来制订退休计划和储备目标;等等。这些理财目标需要具体、可行和有挑战性,以便更好地激励家庭成员实现自己的生活目标。

2.制定家庭理财目标

制定家庭投资目标是制定投资落地策略的基础。家庭成员需要明确自己的理财目标,以便更好地规划自己的支出和配置计划,并在未来实现财务目标。

制定家庭理财目标需要考虑家庭成员的实际情况和需求。一般来说,家庭理财目标可以分为短期目标、中期目标和长期目标三类。

短期目标一般为家庭成员在未来一年内需要完成的目标,如购置家庭电器、旅游度假、支付教育费用等。在制定短期目标时,家庭成员需要根据自己的实际情况和需求来确定目标金额和实现时间,并制订相应的储蓄计划和支出计划。

中期目标一般为家庭成员在未来1~5年内需要完成的目标,如购置房产、购车,或者其升级换代等。在制定中期目标时,家庭成员需要考虑到自己的资产配置策略,以确保能够在规定的时间内实现目标。

长期目标一般为家庭成员在未来5年以上需要完成的目标,如子女教育、养老保障等。在制定长期目标时,家庭成员需要考虑到投资标的走势、通货膨胀、税收等因素,并制订相应的投资计划和资产配置方案。

除了以上的目标划分，家庭成员还可以根据自己的实际情况和需求，制定其他的理财目标，以便更好地实现自己的财务自由和人生规划。

3.制定家庭预算

进行家庭理财规划，必须制定家庭预算。家庭成员需要列出收支清单，明确每月的支出和收入情况，以便更好地掌握自己的财务状况。通过制定家庭预算，家庭成员可以更好地规划自己的消费和储蓄计划，避免过度消费和不必要的浪费。

在制定家庭预算时，家庭成员需要列出所有的支出项，包括固定支出和可变支出，如房贷、车贷、水电费、通信费、饮食费、旅游费等。同时，还需要确定每个月的收入来源和收入金额，以便更好地把握自己的可支配收入和储蓄余额。

制定家庭预算需要考虑到家庭成员的实际情况和需求，同时也需要合理分配各项支出，以便更好地实现自己的理财目标。家庭成员还可以通过优化和调整家庭预算，来逐步提高自己的储蓄率和财务状况。

4.确定投资理财策略

对于两口之家来说，确定投资理财策略需要考虑到家庭成员的风险偏好、收入水平、家庭支出、投资目标和时间等因素，以制订合理的投资计划和资产配置方案。

在确定投资理财策略时，要共同确定投资目标，如购房、子女养育、养老保障等。在确定投资目标时，需要考虑到家庭成员的实际情况和需求，并制定相应的投资时间段。如果投资时间较长，可以在资产配置的理念指导下，优先选择长期、能够带来稳定收益的投资产品，以享受复利带来的长期收益。

要根据自己的财务目标风险偏好和收入水平，合理配置不同类型的资产。一般来说，股票、基金等产品具有较高的风险和收益，适合风险承受能力较高的投资者；债券、货币基金等产品则具有较低的风险和收益，适合风险承受能力较低的投资者。每个投资者都应该定期评估和调整自己的资产配置，以适应市场变化和自身需求的变化。在调整资产配置时，需要注意风险管理和资产分散，以降低投资风险并提高收益。

两口之家通常带有负债、未来支出需求较多，因而要充分了解自己所投资的产品，包括产品的风险特征、收益特征、流动性等因素，以便更好地制订自己的投资计划。同时，避免盲目跟风，不要因为市场热点而盲目投资，也不要过度追求高收益而忽略风险管理。

5.建立应急储备

建立应急储备需要家庭成员在制订理财计划时，考虑到可能发生的突发事件和意外情况，如失业、疾病、意外损失等，建立一定的应急储备或者运用保险产品转移部分风险，以应对这些风险。

应急储备的金额需要根据家庭成员的实际情况和需求来确定。一般来说，应急储备的金额应该满足家庭每月支出的3个月到6个月支出需要，以确保在出现突发事件时，家庭成员能够有足够的资金来应对。

应急储备的资金可以放在具有高流动性和安全性较高的金融产品中，如活期存款、定期存款、货币基金等，以便在需要时能够随时取出使用。

在调整和优化理财规划时，家庭成员需要注意风险管理和资产的分散化。风险管理是指家庭成员需要控制投资的风险，以避免过度投资或投资错误导致的亏损。资产的分散化是指将资产分散投资于不同的品种和领域，以降低风险和提高收益。

6.定期评估和调整

对家庭理财规划进行定期评估和调整，可以让家庭成员及时了解自己的财务状况，发现问题并进行优化和调整，以便更好地实现未来规划。

要定期检查自己的家庭财务状况，包括家庭资产、负债、收支情况等方面，以便更好地了解家庭成员的生活水平和消费习惯，并根据实际情况进行投资策略调整和优化，以适应市场变化和自身需求的变化。

要定期检查自己的投资组合，包括股票、基金、债券等产品的投资权重分配，以及投资收益和风险等方面，以便及时调整资产配置策略，平衡投资风险和收益。

要注意风险管理，降低投资风险，并根据自己的风险承受能力和投资目标，选择合适的投资产品和资产配置方案。

在家庭理财规划的制定、实施、评估和调整过程中，可以寻求专业意见，如请理财顾问、财务规划师等专业人士为自己提供理财建议和规划方案，以便实现未来规划。

如何协商处理家庭财务问题

家庭财务问题是夫妻关系中一个非常重要的方面。协商处理家庭财务问题需要夫妻间共同协作，制订合理的家庭财务管理方案。这样才能够保障家庭的经济稳定和夫妻双方的财务目标。

1.妥善协商处理家庭财务问题

在两口之家中，妥善协商处理家庭财务问题需要夫妻二人坦诚沟通、制定家庭预算、分工合作等。只有通过共同努力，才能更好地实现财务规划。以下是一些建议。

坦诚沟通，保持信息对等和交流：夫妻之间需要坦诚地沟通，了解彼此的想法和需求，以便更好地协商处理家庭财务问题。在沟通时需要尊重彼此的意见，充分听取对方的想法和建议。夫妻二人要定期沟通和协商处理家庭财务问题，如每个月或每个季度进行一次家庭财务会议，共同评估家庭财务状况，并制订相应的财务计划和投资策略。夫妻之间需要保持信息对等和交流。对于可能影响家庭财务的重大决策，夫妻间应该认真分析和共同决策。

充分共识：夫妻二人需要共同确定家庭财务目标，如购房、子女教育、养老保障等。在制定家庭财务目标时，需要充分考虑家庭成员的实际情况和需求，并共同制订相应的财务计划和投资策略。同时，在制定预算时应注重保证改善生活质量的支出部分。可以开立共同账户或设立家庭账簿，以便记录家庭开支情况，明确财务状况，控制家庭支出。开支方面可以通过设计一个清晰的资金流向或预算方案来掌控家庭发展趋势，预防家庭财务状况不健康等问题。

责任分配、计划的执行与监督：两口之家需要平衡好个人收支和家庭总支出。夫妻双方应该分配自己的家庭参与侧重方向，共同提高家庭的财务状况，统筹时间和资源的分配，增强对家庭责任的共同承担意识。综合利用家庭成员的智力和工作能力，共同参与家庭收支计划的执行和监督，倡导团队协作精神。另外，夫妻二人可以根据各自的能力和兴趣，分工合作处理家庭财务问题。比如，一人负责家庭收入和支出的记录和管理，另一人负责家庭投资和理财的规划和管理。

2.在婚姻关系中如何保护财产

有一定财富积累的人都比较注意防范婚姻财产风险。刘强东和许晋亨的信托安排就很能说明这个问题。

刘强东的婚姻之所以备受关注，不仅因为他是中国电商的代表人物之一，更是因为他在财务安排方面的独特做法。刘强东在结婚前干了两件大事。一是婚后每年1元，10年就是10块钱。如果跟"奶茶妹"离婚，婚后财产也就10块钱。这种做法看似简单，却非常实用，因为它能够有效地隔离个人财产和婚姻财产。在离婚或者破产的情况下，刘强东的资产依然不会受任何影响，因为婚姻期间的财产只有10块钱。二是婚前在维京群岛设立VISTA信托，这是一种非常聪明的财务安排。通过设立信托，刘强东可以将自己的资金委托给特定的人来管理，保障自己财产安全的同时保证自己对京东集团的控制。

通过这些合理的财务安排，刘强东为自己的财务安全和婚姻生活提供了充分保障，同时也为我们提供了一些启示。在处理自己的财务问题时，我们也应该注重财务安全，采取一些可行的方法来隔离个人财产和婚内共同财产，避免因特定情况而造成的不必要损失。

许世勋的家族信托安排也是一个非常明智的决定。他在世时就将420亿元家族财富都交给了家族信托基金打理，他的儿子许晋亨与港姐李嘉欣结婚后，夫妻二人每个月可以从信托公司领取200万元的生活费，同时不能支配其余巨额财富。许世勋的长远眼光和明智的决策为家族财富传承安排提供了一个很好的例证。

作为一个两口之家，夫妻二人在婚姻中明晰个人财产与婚内财产，能够避免因为婚姻关系破裂而导致个人财产损失。究竟该如何保护婚姻关系中的个人财产？这里主要介绍以下三种方式。

婚前财产公证：男女双方在结婚之前所做的财产公证，可以有效证明财产到底是谁的。需要带上个人的身份证明以及相关的财产权属证明，去公证处办理。避免将婚前财产与婚后财产混同，注意保留证据。在结婚登记之前取得的财产，一般是婚前个人财产；在结婚登记之后取得的财产，一般是婚后夫妻共同财产，除非对方有充分的证据证明，该婚后财产的取得完全系个人财产转化而来。

婚内财产协议：夫妻在婚姻存续期间对夫妻共同财产、债务在协商同意的前提下进行分割、分配所拟定的协议。夫妻约定的婚内财产协议，是合同的一种，只要是依法成立的合同，自成立时生效。

家族信托：委托人将其财产权委托给受托人，由受托人按委托人的意愿，进行管理和处分的行为。信托业务是一种以信用为基础的法律行为，一般涉及三方当事人，即投入财产的委托人、受信于人的受托人，以及受益于人的受益人。家族信托是一个非常有用的财务工具，可以帮助家族财富得到有效管理和保护，不至于因为婚姻等诸多事件而受到影响。尤其对于高净值家庭而言，家族信托是一种炙手可热的财富传承方式。刘强东的信托安排就是很好的例子。

如何避免家庭投资中的常见错误

在家庭投资中，常常出现跟风、贪心、短视等错误，夫妻双方只有加强学习并选择适当的投资策略，才能有效避免在家庭投资中犯常见的错误。

1.两口之家投资中的常见错误

两口之家投资中，常见的错误包括以下几种。

盲目跟风：许多投资者会盲目跟从市场热点或其他投资者的决策，而不是结合自身情况进行投资。这往往会导致错误的投资决策和损失。

缺乏投资知识和经验：许多家庭投资者缺乏投资知识和经验，无法正确评估投资产品和方案的风险和收益，也无法制定合理的投资计划和策略。

过度集中投资：一些投资者过度集中投资于某一种资产或行业，从而降低了投资组合的分散化程度，增加了投资风险。

短视的投资决策：一些投资者往往只关注短期的投资回报，而忽视了长期的投资价值和潜在风险。

贪心和恐惧驱动的投资行为：一些投资者因为贪心或恐惧而作出错误的投资决策，如在市场高点买入或在市场低点抛售。

2.两口之家投资错误防范措施

为了避免在家庭投资中犯这些错误，两口之家可以采取以下一些措施。

学习投资知识和经验：夫妻双方可以通过学习财经类书籍、参加投资培训课程等方式，提高自己的投资知识和经验水平，从而作出更加理性和准确的投资决策。

制定合理的投资计划和策略：夫妻双方可以结合家庭目标、资产配置相关方法，制定合理的投资计划和策略，明确投资目标和规划，分散投资风险，选择适合自己的投资产品和方案。

长期投资和价值投资：夫妻双方可以采取长期投资和价值投资的策略，即注重长期投资价值和持续增长，而不是追逐短期的市场波动和投机行为。

坚持投资纪律：夫妻双方需要坚持投资纪律，理性分析市场情绪和短期波动的影响,避免盲目跟风或恐惧驱动的投资行为。

定期检查和调整投资方案:夫妻双方需要定期检查和调整投资方案,以应对市场和经济环境的变化,确保投资组合的合理性和稳健性。

适合两口之家的投资理财产品

两口之家需要根据自己的投资目标和风险承受能力选择适合的投资理财产品。对于风险较高的投资工具,需要具备一定的投资知识和经验,同时需要注意风险控制。对于风险较低的投资工具,需要注意收益率和通货膨胀的关系,避免资产贬值。无论选择哪种投资理财产品,都需要作好投资规划和管理,以实现投资收益最大化。适合两口之家的投资理财产品有公募基金、信托、黄金、股票、银行存款、国债、银行理财等。

1.公募基金

公募基金是由基金公司发行的一种集合资金的投资工具,适合两口之家投资理财。公募基金分为股票型基金、债券型基金、货币基金等不同类型,根据投资目标和风险承受能力选择适合自己的产品。

购买注意事项:两口之家选择公募基金,需要了解基金的投资方向、管理人员、历史业绩等信息,以便作出明智的投资决策。

2.信托

信托是一种委托管理财产的投资工具,适合两口之家投资理财。信托投资门槛较高，投资方向和风险水平不同，可以选择适合自己的产品。

购买注意事项：两口之家选择信托，需要了解信托公司的信誉度、管理能力、信托产品底层投资标的等信息，以便作出明智的投资决策。

3.黄金

黄金是一种避险资产，在一定的宏观环境下适合两口之家作为投资标的。投资黄金可以通过购买实物黄金或者黄金ETF等方式进行。

购买注意事项：两口之家选择黄金，需要了解宏观环境、黄金市场的走势、风险和投资成本等信息，以便作出明智的投资决策。

4.股票

股票是一种风险较高的投资工具，适合有一定的投资经验和风险承受能力的两口之家。

购买注意事项：两口之家选择股票，需要了解公司的基本面情况、股票市场的走势和风险等信息，以便作出明智的投资决策。

5.银行存款

银行存款是一种风险较低的投资工具，适合两口之家的短期资金管理。

购买注意事项：银行存款的收益率较低，通常无法抵消通货膨胀的影响，因此应该根据自己的资金需求和风险承受能力进行投资。

6.国债

国债是国家发行的债券，是一种较为安全的投资工具，适合两口之家作为长期的投资标的选择。两口之家可以根据自己的投资需求进行选择。

购买注意事项：两口之家选择国债，要了解国家的经济状况、利率走势等信息，以便作出明智的投资决策。

7.银行理财

银行理财是银行发行的一种集合资金的投资工具，适合两口之家投资理财。银行理财现在均为净值化产品、收益为浮动型，但因为银行理财投资的标的整体风险较小，适合两口之家进行一定量的配置。

购买注意事项：两口之家选择银行理财，需要了解理财产品的收益趋势、风险、投资期限等信息，同时也需要注意理财产品的费用、赎回条件等细节，以便作出明智的投资决策。

第七章
养育子女时的投资心理学

养育子女时处于家庭成员非全员赚取收入阶段,随着家长职场经验增长,家庭收入和抗风险能力逐渐增强,但子女教育金、购房、购车等事项的资金支出也较多。因此,关于养育子女的规划周期较长、需要考虑的事项较多,需要有目的、专项地进行投资策略选择。

养育子女时的投资心理特点

家庭养育子女时期，指的是从家庭中第一个子女出生到最后一个子女陆续搬离父母家庭的时期。养育子女时期，由于子女的出生和养育，刚性支出和感性支出诉求变多，包括子女教育金、购房、购车贷款等多种因素的存在，家庭投资心理随之呈现出不同于其他生命周期阶段的特点。

1. 养育子女时的普遍特征

家庭养育子女时期的普遍特征，主要表现为刚性支出需求强，父母支出意愿强，资产配置以稳健为主，注重投资收益的稳定性和可靠性，投资决策需要协商和讨论等方面。在进行投资决策时，要根据家庭实际情况和需求进行选择，注意规避投资风险，实现投资目标的最大化。

在养育子女时期，家庭收入通常是以夫妻为核心，一般有着相对稳定的家庭基础，家庭成员通常会把大部分精力放在工作和子女教育上。

养育子女时期的夫妻双方通常都需要工作来维持家庭生活。收入水平有高有低，但力求稳定和有保障。因为家庭需要面对孩子教育、医疗等方面的支出，所以投资理财的诉求通常是为了增加家庭收入、保持中短期的现金流需求，提高家庭的生活质量。

养育子女时期的家庭通常拥有一些固定资产，如住房、车辆等。此外，家庭也会有一些储蓄和投资产品，如银行存款、保险、基金等。投资产品的配置通常以稳健为主，风险承受意愿逐渐转弱。

这时的家庭成员通常偏好稳健型投资，同时注重中长期的现金流，如存款、债券基金、年金保险等。他们通常会注重投资产品的安全性和稳定性，风险承受意愿逐步转弱。此外，家庭成员通常会在进行投资决策时进行协商和讨论，以确保投资决策符合家庭的整体利益。

2.养育子女时的投资心理分析

在养育子女时期，投资理财是许多家庭关注的话题。家庭在这个阶段面临着许多生活压力和负担，因此投资的安全性和稳健性相对较为重要。该时期的投资心理主要表现为对安全感需求强烈、投资目标明确、对投资收益的期望有限、投资偏好稳健型、风险承受能力有限以及投资决策需要协商等方面。投资决策要根据家庭实际情况和需求来进行。同时，夫妻双方需要进行充分的沟通和协商，以确保投资决策符合家庭整体利益。

安全感需求强烈：家庭在养育子女时期有着很高的责任感和家庭负担，因此对于投资的安全性要求比较高。他们希望能够通过投资获得稳定的收益，降低家庭的风险。

投资目标明确：家庭在养育子女时期通常会制定相应的投资目标，例如，投资目标可以是为子女教育、医疗和家庭重大支出规划等方面提供资金支持。他们会根据目标的不同，选择不同的投资产品和投资策略。

对投资收益的期望有限：相对于单身或无子女的人群，家庭在养育子女时期通常更注重家庭生活稳健和未来规划，对于投资收益的追求相对理智。他们更注重投资的稳定性和安全性，而不是盲目追求高风险高收益的投资产品。

投资偏好稳健型：在养育子女时期，家庭成员通常偏好稳健型投资，如银行存款、债券基金、年金保险等。这些投资产品风险相对较低，但收益率也比较稳定。

风险承受意愿有限：由于家庭在养育子女时期需要承担较大的家庭负担，因此风险承受意愿相对较低。对于风险较高的投资工具，他们通常会比较谨慎，首选是低风险、稳健的投资产品。

投资决策需要协商：家庭在养育子女时期的投资决策通常需要夫妻双方进行协商和讨论，以确保投资决策符合家庭整体利益。

如何规划家庭财务目标和资产配置

在养育子女时期，家庭需要明确财务目标并设定资产配置策略，以确保经济稳定和子女的健康成长。在规划家庭财务目标和进行资产配置时，需要根据自己的实际情况和需求进行选择，并注意风险和收益的平衡，避免过度投资和风险。如果家庭不确定如何规划财务目标和资产配置，可以考虑咨询专业的理财顾问。最重要的是，财务目标和资产配置应有助于实现家庭的长期稳定和子女的健康成长。

1.养育子女时期的家庭财务目标规划

在养育子女时期,家庭的财务目标应该注重长期规划和风险控制,以确保家庭的经济安全和稳定。以下是一些具体的建议。

建立紧急基金:家庭应该建立一个紧急基金,以应对不可预见的支出和收入减少的情况。通常建议将至少3个月的生活费用存放在紧急基金中。

储蓄养老基金:家庭应该在养育子女的同时,开始积累养老基金。可以选择购买养老保险或者进行投资,以确保退休后有足够的收入。

规划子女教育:家庭应该规划子女的教育,包括教育储备金的建立和子女的教育计划。可以选择购买教育类保险或者进行专项投资,以确保子女的教育得到足够的保障。

健康保险规划:家庭应该规划健康保险,以应对突发疾病和意外事故。可以选择购买医疗保险或者进行专项储蓄,以确保家庭的健康和安全。

2.养育子女时期的家庭资产配置

资产配置需结合自身情况,首先从宏观环境分析切入,进行大类资产选择,再以具体需求和风险偏好为标尺进行产品配置。其涉及的内容十分广泛,限于篇幅,故而不做展开。这里要强调的是,养育子女时期的家庭资产配置应该注重安全性、流动性和收益性的平衡,以便应对家庭生活的各种需要和不确定性。以下是一些具体的建议。

评估家庭资产:养育子女时期首先要评估家庭资产,以利于家庭资产配置，尤其是家庭大类资产。家庭大类资产包括现金、不动产、股票、债券、基金、外汇、信托资产等。股票的价值受到多种因素的影响，包括公司基本面、行业前景、市场环境等。评估股票时，可以考虑市盈率、市净率、资产收益率等指标。债券的价值受到多种因素的影响，包括发行主体信用等级、债券期限、市场利率等。评估债券时，可以考虑收益率、信用评级、债券乘数等指标。汇率的价值影响因素包括货币政策、经济基本面等。评估汇率时，可以考虑费雪效应、实际有效汇率指标。以上指标仅是评估大类资产的一些常用指标，实际评估应根据具体情况进行选择。同时，需要注意的是，大类资产之间的相关性也需要考虑，以实现有效的家庭资产配置。

制订预算和储蓄计划：为了确保家庭的经济稳定，家庭应该制订每月的预算和储蓄计划，并尽可能遵守。这样可以确保家庭有足够的资金来支付必要的开支，并积累紧急基金和中长期现金流。制订预算和储蓄计划应该考虑分散投资风险。家庭应该将资产分散投资于不同的资产类别和区域，以降低投资风险。例如，可以将资产分配到股票、债券、房地产等不同的领域。此外，还应该考虑保持流动性。在资产配置中应该保持一定的流动性，以便在需要时可以快速获得现金。例如，可以将一部分资产放在易于变现的存款账户或货币基金中。教育储备金是此阶段的重要预算之一。在养育子女时期，家庭应该考虑建立教育储备金，以资助子女的教育。可以选择将部分资产投资于家庭专项基金或年金险产品等教育相关的投资方向。另外，家庭应该定期评估资产配置，并根据家庭人员结构、收入水平等因素进行调整。例如，如果子女已经长大成人并独立，家庭可以重新评估自身风险承受能力并进行调整。

如何维护好家庭的和谐与稳定

养育子女时期是一个家庭中非常重要的阶段，除了关注孩子的成长和教育，家长还需要注意维护家庭的和谐与稳定，以实现家庭的长久发展。

1.建立良好的家庭沟通

建立良好的家庭沟通是家庭中非常重要的一项工作，它可以帮助家庭成员更好地理解和支持彼此，共同解决问题，实现家庭的和谐发展。

沟通的前提是信任，在家庭中建立信任关系非常重要。家长应该尊重子女的想法和意见，与他们保持互信和开放的沟通，让子女感受到家长的支持和关爱。同时，家长之间也应该建立信任关系，共同制定家庭规划和决策。

在家庭沟通中，家长应该保持积极的态度。无论面对什么问题，家长都应该以乐观的心态面对，鼓励家庭成员共同解决问题。同时，家长也应该尊重家庭成员的情感和感受，共同探讨解决问题的方案。

建立良好的沟通渠道非常重要。家长可以通过家庭会议、定期交流等方式，与家庭成员保持密切的联系，了解他们的情况和想法，共同制定家庭规划和决策。

家长应该尊重家庭成员的个性和差异。家庭成员可能有不同的兴趣爱好、性格特点和思维方式，家长应该尊重相互的差异，理解大家的需求和想法，共同探讨解决问题的方案。

建立良好的家庭氛围是非常重要的。家长应该营造温馨和谐的家庭氛围，让家庭成员感受到家庭的温暖和关爱。同时，家长也应该注重家庭成员的精神健康和情感需求，共同度过快乐的家庭时光。

2.建立家庭规矩和价值观

在养育子女时期，建立家庭规矩和价值观是非常重要的。家庭规矩可以帮助子女养成良好的行为习惯和品德修养，价值观可以引导子女形成正确的人生观和价值观。同时，家长也应该以身作则，成为子女的榜样。

在家庭中，家长应该强调家庭的价值观，如诚实、宽容、尊重、勤劳等。家长应该以身作则，成为子女的榜样，通过自己的言行举止和行为示范，引导子女形成正确的人生观和价值观。

在家庭规矩和价值观中，家长应该注重培养家庭成员的责任感。家庭成员应该理解自己的责任和义务，尽自己的努力去履行规矩和遵守家庭的价值观。

家长应该给予家庭成员自由和空间，让他们有机会表达自己的想法和意见，尊重他们的选择和决定。同时，家长也应该在自由的基础上，给予孩子适当的指导和建议，帮助他们成长和发展。

在家庭规矩和价值观的制定中，家长应该定期检查与调整规矩和价值观，根据家庭成员的变化和家庭实际情况进行调整，让家庭规矩和价值观更加符合家庭成员的需求和实际情况。

3.分配家庭任务和责任

在家庭中，分配家庭任务和责任可以帮助家庭成员更好地合作和协作。家长可以根据子女的年龄和能力，分配不同的家庭任务和责任，培养子女的责任感和独立性。

比如，年幼的孩子可以负责整理自己的玩具和衣物，大一些的孩子可以负责帮忙做饭、清洗餐具等。如此，每个家庭成员都能够承担适合自己的任务和责任。

在家庭任务和责任的分配中，家长应尽自己的努力去履行任务和责任。同时，家长可以通过表扬和奖励，激发家庭成员的积极性和责任感。

倡导家庭合作和协作非常重要。家庭成员应该相互帮助，共同承担家务任务和责任。家长可以通过组织家庭活动和任务，增强家庭成员之间的合作和协作意识。

家长应该鼓励家庭成员独立自主。家庭成员应该有自己的思考和决策能力，能够独立完成任务和责任。家长可以通过逐渐放手和给予自主权，培养家庭成员的独立性。

家长应该定期检查和调整任务和责任分配。家庭成员的能力和需求会随着时间的变化而变化，家长应该根据实际情况进行调整，让任务和责任的分配更加合理和公平。

适合养育子女时的投资理财产品

任何时候,只有正确选择适合的投资理财产品,才能帮助家庭实现财务目标并提高家庭收入。在养育子女时期尤其如此。要考虑到自己的风险承受能力、投资期限和目标、注意产品的稳健性和流动性,以及费用和税收等。适合养育子女时期的投资理财产品有转嫁疾病风险的医疗类保险,保障中远期现金流的教育金类年金保险、养老类年金保险,保护财富传承的终身寿险,增加收入来源的股票和基金等。

1.医疗类保险

在养育子女时期,医疗类保险是父母为孩子规划风险管理时的重要选择之一。这类保险产品主要有少儿医疗保险和教育附加医疗保险两大类,目的是转嫁因疾病或意外伤害带来的高额医疗费用风险,确保家庭财务稳定,不受突发健康事件的冲击。

少儿医疗保险包括城乡居民基本医疗保险和商业少儿医疗保险。城乡居民基本医疗保险是国家提供的基础保障,覆盖儿童在内的全体居民,提供门诊和住院的基本医疗费用报销。商业少儿医疗保险包括报销型医疗保险和专项疾病保险。报销型医疗保险主要针对儿童日常的门诊、住院治疗费用进行补偿性报销,包括小额医疗险和百万医疗险等,有的还包括疫苗接种、意外伤害等保障内容。专项疾病保险（如少儿重疾险）指的是，一旦孩子不幸罹患合同约定的重大疾病，保险公司会一次性给付保险金，帮助家庭应对高昂的治疗费和后期康复费用。教育附加医疗保险除了纯粹的医疗保障，有些保险产品还会结合教育储蓄功能，比如，如果孩子在保障期间内未发生重大疾病，到期后可转换为教育金。

购买医疗类保险时应考虑以下因素：一是保障范围。是否涵盖一般疾病、大病、意外伤害以及可能需要的特殊治疗手段（如手术、放疗、化疗等）。二是赔付方式。是按实际医疗费用报销还是按照疾病种类给予定额赔偿。三是等待期。从购买保险到能够享受保障之间的时间间隔。四是免赔额与封顶线。即自费部分和最高报销额度的规定。五是持续保障期限。短期或长期，可否续保至成年甚至终身。

2.教育金类年金保险和养老类年金保险

教育金类年金保险和养老类年金保险，都是金融保险市场中用于规划特定生活阶段支出的重要工具。两者虽然均属于年金险范畴，但在具体保障目的、资金使用时间点以及赔付条件上有明显的区分。购买这类保险产品时，客户应结合自身家庭经济状况、未来的支出需求及对风险承受能力的考量，选择适合自己的保险计划。

教育金保险是一种专门针对子女未来教育费用储备而设计的储蓄型保险产品。其主要特点如下：一是强制储蓄。家长在孩子较小时开始投保并定期缴纳保费，通过保险公司进行长期、稳定的投资积累。二是专款专用。确保资金主要用于孩子的教育阶段，如小学、初中、高中及大学等重要学习时期的学费、生活费或出国深造费用。三是固定返还。根据合同约定,在孩子达到一定年龄时(如18岁开始上大学),保险公司将按年度或者一次性支付一定金额的教育金给受益人(通常是孩子)。四是理财收益与风险控制。相较于直接投资市场,教育金保险通常提供相对稳定的回报,并且不受市场波动直接影响,具有较低的风险性。

养老年金保险则是为个人退休后的生活提供持续、稳定的收入来源而设立的保险产品,包括以下四个特点:一是提前规划。投保人在工作期间购买并积累养老金,通过长期缴费或趸交等方式建立退休储备。二是终身领取。一般在被保险人达到约定退休年龄(如60岁或65岁)后开始领取年金,直到被保险人死亡为止,有的产品还包含保证领取年限的设计。三是抵御长寿风险。通过保险公司的精算机制,有效应对因寿命延长带来的财务压力,确保晚年生活质量。四是保值增值。养老年金保险提供的收益往往基于保险公司承诺的预定利率,虽然可能低于某些高风险投资的潜在收益,但提供了更为稳健的财富增值方式。

3.终身寿险

保护财富传承的终身寿险在财富传承中扮演着重要的角色,它不仅可以确保投保人的身后事得到妥善处理,还能够作为长期财务规划的一部分,助力家族财富的稳定传递。

这种保险类型为投保人提供了持久、终身的保障,并且具有明显的财富传承和资产规划功能:一是遗产转移。终身寿险允许投保人在生前通过指定受益人的方式来安排财产的传承,确保其在去世后能将财富直接、迅速地转移到受益人手中,避免了传统遗产继承过程中可能遇到的法律纠纷和税务问题。二是避税与节税。在某些国家和地区,人寿保险赔偿通常不在遗产税征收范围内或可享受税收优惠待遇,因此可以通过终身寿险来实现一定程度上的合理避税,减少遗产在传承过程中的税务成本。三是债务隔离。当被保险人有明确受益人时,赔付的保险金通常不受投保人和被保险人生前债务的影响,这意味着即使投保人和被保险人去世时背负债务,这笔保险金也有可能安全地传给受益人,不用于偿还债务。四是现金价值积累。部分终身寿险产品(如增额终身寿险)不仅提供身故赔偿,还具有现金价值累积的功能。随着时间推移,保单的现金价值会增长,投保人可以提取或借款使用这部分资金,以满足临时的资金需求或者作为对退休收入的补充。五是资产保护。对于企业主、高净值人士来说,终身寿险还可以作为一种策略性工具,帮助他们分散风险、保护资产不受市场波动或司法追偿的影响,从而稳定地实现家庭财富的代际传承。

4.股票和基金

从适合养育子女时的投资理财产品的角度来看,股票和基金可以帮助家庭在子女成长过程中积累财富,为未来的大额开支(如教育、婚嫁、创业等)做准备。不过,关键在于选择适合自己家庭风险承受能力和投资期限的产品,并保持长期、理性投资的态度。同时,建议在投资前咨询专业人士,制定详细的投资规划,并定期审视投资组合的表现和适应性。

股票投资策略主要把握以下三点:首先,优质的上市公司随着经营发展和市场份额扩大,其股票价格有可能实现长期增长,为家庭带来资本增值的机会。其次，许多大型蓝筹股和成熟公司会定期派发股息，这对于家庭来说可以形成稳定的现金流，有利于弥补日常生活开销或储备子女教育基金。最后，在适当的时候，可以引导适龄子女接触和理解股票投资的基本原理，培养他们的财商和投资观念，但这需要父母对其风险有足够的认知和管理能力。

基金投资策略主要把握以下三点：首先，由于基金投资的是多个股票、债券或其他资产，相比单一股票，能够较好地分散风险，更适合风险承受能力较低的家庭。其次，基金由专业的基金经理团队管理，他们负责研究市场、挑选投资标的和调整投资组合，省去了普通投资者大量的时间和精力。最后，通过定投基金（如子女教育基金定投计划），家庭可以定期投入一定的资金，利用市场的波动性降低买入成本，实现长期平滑投资效果。市面上有专门针对教育、养老等特定目标的基金产品，这些基金在投资策略上更加侧重长期稳定增长，符合家庭长期财务规划的需求。

如何支持子女的创业等发展需求

在养育子女时期，如果子女有创业等发展意愿，家长需要根据子女的实际情况和需求给予引导和支持。同时，家长还需要充分考虑自身财务和风险承受能力，避免因此给家庭带来过大的负担和风险。最重要的是，家长应该鼓励子女积极发挥自己的优势和特长，实现自己的目标和理想。

1.提供资金支持

投资支持：家长可以考虑为子女的创业项目提供投资支持。这种支持通常采用股权投资的方式，将资金投入子女的创业项目中，以期获得未来的收益。在这种方式下，家长需要考虑自身财务状况和风险承受能力，了解子女的创业项目和市场前景，设计合理的股权架构，并与子女进行充分的沟通和协商。

借贷支持：家长也可以考虑为子女提供借贷支持。这种支持通常采用借款、担保或贷款等方式，将资金借给子女用于创业和发展。在这种方式下，家长需要考虑借贷的利率、期限和风险等方面，与子女进行充分的沟通和协商，以确保借贷行为符合家庭整体利益。

赠与支持：家长还可以考虑为子女提供赠与支持。这种支持通常将资产赠与子女用于创业和发展。在这种方式下，家长需要考虑赠与的规模、赠与的资产形式等方面，与子女进行充分的沟通和协商，以确保赠与行为符合家庭整体利益。

创业是具有较高风险的事项，需要家庭内部充分沟通和协商，同时需要通过股权架构、风险隔离等金融和非金融手段降低风险，特别是避免家企风险的混同。

2.提供经验和资源支持

提供生活和职业经验支持：家长通常具有丰富的生活和职业经验，可以为子女提供有用的指导和建议。例如，家长可以分享自己的职业经验和创业历程，让子女从中加以学习和借鉴。此外，家长还可以提供生活经验支持，如家庭管理、人际交往、情感管理等方面的指导和帮助。

提供社交关系和人脉支持：家长可以通过社交关系和人脉为子女提供支持和帮助。例如，家长可以为子女介绍有用的人脉，帮助他们扩展社交圈子，获取更多的商业机会和资源。

提供实践机会：家长可以为子女提供实践机会，让他们在实际操作中学习和掌握相关的技能和知识，从而提高自己的实际应用能力和市场价值。

提供技术和专业支持：家长还可以为子女提供技术和专业支持。例如，家长可以为子女提供技术培训和专业知识的学习机会，帮助他们提升自己的技能和素质。

在提供经验和资源支持时，家长需要根据子女的实际情况和需求进行选择和支持。同时，家长还需要充分尊重子女的意愿和决策，不要过多干涉子女的创业和发展。

3.提供情感支持

鼓励和支持：子女在创业和发展的过程中，可能会遇到各种挑战和困难，需要家长给予鼓励和支持。家长可以通过积极的言行，表达对子女的支持和信任，鼓励他们坚持不懈，克服困难，实现自己的目标和理想。

倾听和理解：子女在创业和发展的过程中，可能会遇到许多问题和困难，需要家长给予倾听和理解。家长可以与子女进行充分的沟通和交流，了解他们的思想和感受，帮助他们解决问题和疑虑。

在提供情感支持时，家长需要根据子女的实际情况和需求进行选择和支持。同时，家长还需要注意不要给予过多的支持和干涉，让子女有自己的思考和决策空间。

4.帮助子女建立自信

鼓励尝试和探索：家长可以鼓励子女尝试新的事物和探索未知领域，让他们从相对可控的错误和失败中学习，建立起自信心和自我认知。

培养独立性：家长应培养子女的独立性，让他们学会自主思考和独立决策，从而树立起自信心和自我价值感。

提供支持和认可：家长可以在子女有所成就时，及时给予支持和认可，让他们感受到自己的付出和努力得到了回报，从而树立起自信心和自我肯定感。

培养自我管理能力：家长可以帮助子女培养自我管理能力，让他们学会对自己的情绪和行为进行调节和控制，从而树立起自信心和自我掌控感。最重要的是，家长应该让子女认识到自己的优点和潜力，鼓励他们发挥自己的特长和能力，在创业和发展的道路上走得更远。

第八章
迎接退休时的投资心理学

迎接退休意味着退休很快到来。在中国，迎接退休的人可能没有完善的养老计划，因为当下大多数迎接退休的人群受计划经济时代的影响而缺乏这种意识，因此迎接退休的大部分人群开始更加喜欢稳健、保本、收益稳定的产品。人生道路既已过半，阅历渐长，此时应广开思路，放眼全局，做好准备，迎接退休。

迎接退休时的投资心理特点

在迎接退休时期,家庭收入高,支出相对降低,财富积累相对加快。因此,该阶段应关注评估自己的风险偏好和投资目标,做好资产配置并控制风险,做好应对退休后可能面临的心理问题的准备。

1. 迎接退休时的普遍特征

当人们处于迎来退休时期,他们在家庭基本状况、工作及收入情况、配置情况、投资理财诉求、投资偏好及风险承受能力等方面都会有显著的变化。接下来将逐一探讨这些方面。

迎接退休意味着生活方式将发生重大变化。这时,子女可能已经成年并有自己的生活,迎接退休还并未退休,应该是职场诉求降低、开始着手准备退休后的生活。当然身体疾病问题可能开始暴露出来。

退休通常意味着停止全职工作,这可能会使收入水平发生显著变化。虽然退休金和储蓄可以提供一些收入,但可能无法完全替代工作收入。因此,这时的人们不仅关注收入来源,包括社会保障、保险金和投资收入,还更加关注自己的支出结构,他们认为制订财务计划以确保自己的生活质量是很重要的。

迎接退休意味着可能需要重新考虑自身资产配置。例如,需要将一部分投资从高风险的股票转向更稳定的债券或现金等。此外，可能还要考虑如何最好地利用自己的房产，如是否选择偿还抵押贷款，是否出售房产以增加退休资金，或者是否通过抵押贷款来获取现金。

迎接退休阶段，投资目标可能会改变，这时更关心保护自己的本金，而不是热衷于追求资产的增长。可能还在考虑未来如何最好地利用你的储蓄来支持你的生活费用，包括医疗费用和其他生活支出。他们在考虑是否要降低投资组合的风险或进行其他投资，也在考虑目前的养老金储蓄共计多少？能否再多存一些养老金？理想中的退休生活是怎样的？养老金计划是否足够灵活？

退休通常意味着你的风险承受能力降低，因为可能没有足够的时间来恢复可能的投资损失。因此，要将投资策略从以增长为主转向以保守为主。然而，这并不意味着要完全避免风险。考虑到长期的通货膨胀和生活成本，适度地承担风险还是有必要的。

2.迎接退休时的投资心理分析

迎接退休时的投资心理可能会受到许多因素的影响，包括情感因素、收入需求、风险厌恶、偏好和价值观、市场条件以及预期目标。这些因素可能会导致迎接退休时的人作出不同的投资决策，因此有必要仔细考虑每个人的情况和目标，并在作出任何投资决策之前咨询专业理财顾问以获取有关退休投资的建议和指导。

情感因素：退休是人生中的一件大事，可能会对个人的情感状态产生影响。很多人可能会感到失落、无助或不安，这可能会导致他们作出不合理的投资决策，例如，选择过于保守或过于冒险的投资理财产品。

收入需求：退休的人通常收入较少，因此可能需要依靠前置投资来维持生活。这可能会导致迎接退休的人更关注自己所投资的资产的收益能力，并可能会寻求更高的收益水平。

厌恶投资风险：随着年龄的增长，人们通常会感到更加厌恶投资风险。这是因为人们对自己的退休储蓄有更大的关注，而且已经没有足够的时间来回收重大投资损失。这种对投资风险的厌恶可能会导致人们更倾向于作出更稳健的投资选择，如债券、固定收益类产品或现金等。

偏好和价值观：个人的偏好和价值观可能会影响他们对不同类型的投资的看法。例如，有些人愿意直接投资于股票，有些人愿意投资于基金产品，有些人愿意投资于分红型保险产品。

市场条件：市场条件可能会影响人们的投资决策。例如，如果市场出现了明显的下跌趋势，人们可能会更倾向于保守的投资策略，而如果市场表现良好，人们则可能会更倾向于积极的投资策略。

预期目标：退休前景和目标可能会影响迎接退休的人的投资决策。例如，如果一个人计划在退休后大量旅行或有大额支出需求，他可能就会需要更高的收益水平，从而需要更积极的投资策略。

第八章 迎接退休时的投资心理学

如何进行迎接退休财务规划

退休财务规划对于一个迎接退休阶段的人来说至关重要。退休财务规划是一个复杂的过程，需要考虑许多因素。重要的是，每个人都应该根据自己的情况和目标来制定适合自己的退休财务规划，并在制定决策时做好以下工作。

1.计算退休收入和支出

计算退休收入和支出是进行退休财务规划的第一步。通过计算预期的收入和支出，并确定预期的支出水平，可以帮助我们了解自己在退休后需要的资金量，从而制定适合自己的退休财务规划。

固定的收入来源：退休收入的主要来源通常是社会保障和配置的养老类年金产品等。这些收入来源通常是根据个人的工作历史和工资水平计算得出的。因此，在进行退休财务规划时，需要考虑这些过往经历，并确定预期的退休收入水平。

变动的收入来源：变动的收入来源包括个人储蓄和投资等。这些收入来源通常没有固定的收入水平，而是取决于投资组合的表现和市场条件。因此，在进行退休财务规划时，需要考虑这些收入来源，并确定预期的收益水平。

生活费用：退休后的生活费用通常是一个重要的支出类别。这包括住房、食品和旅行等支出。在进行退休财务规划时，需要考虑这些支出，并确定预期的支出水平。

健康支出：健康保险费用通常是一个重要的支出类别。在退休后，许多人能够购买的健康类保险产品有限。因此，在进行退休财务规划时，需要尽早考虑健康支出，并确定退休后自己需要储备的医疗支出部分。

其他支出：除了生活费用和健康支出外，还有许多其他支出类别需要考虑。这可能包括汽车保险、房屋维护、娱乐等支出。在进行退休财务规划时，需要考虑这些支出，并确定预期的支出水平。

2.确定退休储蓄目标

应通过考虑退休日期、预期寿命、通货膨胀率和投资收益率等因素确定退休储蓄目标，以确定他们需要的退休储蓄量，并相应地制订退休储蓄计划。

考虑退休日期：退休日期是确定退休储蓄目标的一个重要因素。如果计划提前退休，则需要更多的储蓄来满足我们的退休收入。因此，在确定退休储蓄目标时，我们需要考虑退休日期。

考虑预期寿命：预期寿命也是确定退休储蓄目标的一个重要因素。随着医疗水平的进步，如果预计会活得更久，则需要更多的储蓄来满足他们的退休收入目标。因此，在确定退休储蓄目标时，需要考虑预期寿命。

考虑通货膨胀率：通货膨胀率也是确定退休储蓄目标的一个重要因素。通货膨胀率是指物价上涨的速度。如果通货膨胀率很高，则需要更多的储蓄来满足退休后的生活。因此，在确定退休储蓄目标时，需要考虑通货膨胀率。

考虑投资收益率：投资收益率也是确定退休储蓄目标的一个重要因素。投资收益率是指投资组合所产生的回报率。如果投资收益率很高，则需要更少的储蓄来满足他们退休后的生活。因此，在确定退休储蓄目标时，需要考虑投资收益率。

3.风险管理和资产配置

风险管理和资产配置是退休财务规划的重要组成部分。通过确定个人的风险承受能力，分散投资风险，考虑短、中、长期投资，确定资产配置策略和定期重新评估投资组合等因素，可以帮助我们管理投资风险，确保投资组合与投资目标和风险承受能力相符。

确定风险承受能力：在进行风险管理和资产配置时，首先需要确定个人的风险承受能力。风险承受能力是指个人客观上能够承担的投资风险的程度。根据个人的年龄、职业、家庭状况和支出目标等因素，可以确定自己的风险承受能力。

分散投资风险：为了管理投资风险，可以通过分散投资来降低投资风险。分散投资是指将资产分散到不同的投资组合中，以降低任何一项投资方式的风险。通过分散投资，可以降低我们的投资风险，并获得合理的投资回报。

考虑短、中、长期投资：不同期限的投资可以帮助我们解决不同阶段的财务诉求。特别是长期投资，可以获得相对较高的投资回报，并降低短期市场波动对投资组合的影响。

确定资产配置策略：资产配置是指将资产分配到不同的投资组合中，以实现投资目标。确定资产配置策略，可以使我们的投资组合更加符合自身风险承受能力和投资目标。资产配置通常包括股票、债券、房地产和现金等不同的投资类别。

4.咨询专业理财顾问

咨询专业理财顾问是进行退休财务规划的一个很好的选择。应该选择有资质和有经验的理财顾问，并在选择前进行充分的背景调查，以确保其可以为自己提供最好的建议和服务。

专业知识和经验：专业理财顾问通常具有丰富的金融知识和经验，可以帮助我们了解不同的投资选项和退休计划，以及如何管理投资风险和实现投资目标。

个性化的建议和计划：专业理财顾问可以根据个人的财务状况、投资目标和风险承受能力，提供个性化的建议和计划。他们可以帮助我们制定适合自己的退休储蓄目标和资产配置策略。

监督和管理投资组合：专业理财顾问可以帮助我们监督和管理投资组合，确保自己的投资与投资目标和风险承受能力相符。据此，我们可以定期重新评估投资组合，并相应地调整投资策略。

税务筹划：专业理财顾问可以提供税务筹划建议，帮助我们最大限度降低税收负担，并确保我们的财务规划符合税法规定。

帮助应对突发事件：专业理财顾问可以帮助我们应对突发事件，如突发的疾病或意外事故。他们可以提供有关如何管理财务和保险索赔的建议，以确保我们在这种情况下能够保障财务安全。

如何评估自己的风险偏好和投资目标

评估自己的风险偏好和投资目标是进行退休财务规划的重要组成部分。基于自己的投资经验、经济状况、年龄、心理因素、个人时间表、退休储蓄目标、风险承受能力等因素，可以评估自己的风险偏好和投资目标，并制订退休储蓄计划和资产配置策略。

1.评估风险偏好需要考虑的因素

评估自己的风险偏好是迎接退休阶段投资行为的重要内容。通过确定自己的投资经验、经济状况、年龄、投资偏好和心理因素等维度，可以评估自己的风险偏好，并相应地制订退休储蓄计划和资产配置策略。各金融机构通常有关于风险偏好评估的参考问卷。

确定自己的投资目标：投资目标是指个人希望通过投资实现的目标，如退休储蓄、子女教育基金或旅游基金等。通过确定自己的投资目标，可以帮助我们确定自己的投资时间表和投资组合。

考虑自己的经济状况：评估自己的经济状况可以帮助我们确定自己的投资能力和风险承受能力。在评估自己的经济状况时，应该考虑自己的收入、支出、资产和债务等方面。

考虑自己的年龄：年龄是评估风险偏好的一个重要因素。通常来说，年轻人可以承受更高的风险，因为他们有更长的投资时间和更多的机会从投资中获得高回报和弥补损失。相反地，年长的临近退休人员则可能更适合选择稳健的投资组合。

确定自己的投资偏好：投资偏好是指个人对不同投资类型的偏好程度。例如，有些人可能更喜欢风险较小的债券投资，而有些人则更喜欢股票等高风险高回报的投资。通过了解自己的投资偏好，可以更好地管理自己的投资风险。

考虑自己的心理因素：心理因素如恐惧、贪婪等，也会影响个人的投资决策。因此需要了解自己的心理因素，并尽量避免让这些因素影响我们的投资决策。

2.评估投资目标需要考虑的因素

评估自己的投资目标是迎接退休阶段投资行为的重要内容。通过测算自己的退休生活费用、确定退休储蓄目标、考虑自己的风险承受能力、个人时间表和寻求专业理财顾问的帮助等因素，可以评估自己的投资目标，并制订相应的退休计划和资产配置策略。

研究退休生活费用：了解自己的退休生活费用是评估投资目标的第一步。需要考虑自己在退休后每月的收入和支出，以及自己希望通过投资实现的目标，如旅游、健康保障或基本生活支出等。

确定退休储蓄目标：退休储蓄目标是指人们希望在退休前积累的财富总额。通过确定自己的退休储蓄目标，我们可以更好地规划自己的退休储蓄计划和投资组合。

考虑自己的风险承受能力：风险承受能力是指个人客观能够承受的投资风险的程度。根据个人的资产、年龄、职业、家庭状况和投资目标等因素，可以确定自身风险承受能力。评估自己的风险承受能力也是评估投资目标的重要组成部分。

考虑个人的时间表：个人需要考虑自己所希望实现投资目标的时间表。例如，如果一个人希望在短时间内实现高回报，那么他可能需要选择更高风险的投资组合，而如果他希望在长期内实现较稳定的回报，那么他可能需要选择更稳健的投资组合。

寻求专业理财顾问的帮助：专业理财顾问可以帮助我们评估自己的投资目标，并提供个性化的建议和计划。

如何进行资产配置和风险控制

资产配置和风险控制是迎接退休阶段投资行为的一项重要内容。下面就来探讨一下这两个方面的具体策略和方法。

1.迎接退休时的资产配置策略和方法

迎接退休时期的资产配置，首先可以参考前面一章中规划家庭资产配置下有关"评估家庭资产"的内容。在全面领会这些内容的基础上，再根据个人的投资目标、风险承受能力和时间表等因素，采取适合自己的资产配置策略和方法。以下是一些有助于迎接退休时进行资产配置的策略和方法。

通过分散投资降低风险：投资组合应该包括不同类型的资产，这些资产呈现一定的负相关性，如股票、债券、房地产和现金等。通过分散投资不同类型的资产，可以降低整体投资组合的风险。

根据投资目标确定资产配置比例：根据个人的投资目标，确定每种资产在投资组合中的比例。例如，如果一个人的投资目标是实现较高增值，那么他可能需要更多地投资于股票等高风险高回报的资产，而如果他们的目标是实现稳定的收入，那么他就可能需要更多地投资于债券等稳健的资产。

考虑投资成本：投资成本是指投资所需的费用和成本，如交易费用、管理费用和税费等。在选择投资组合时，应该考虑投资成本，以便在选择投资组合时作出明智的决策。

定期重新平衡投资组合：随着时间的推移，不同类型资产的表现可能会发生变化。因此，应该定期重新平衡投资组合，以确保投资组合与我们的投资目标和风险偏好保持一致。

2.迎接退休时的风险控制策略和方法

迎接退休时正确的风险控制策略和方法是确保退休金安全、保值增值以及提供持续稳定收入的关键。以下是一些有助于进行风险控制的策略和方法。

生活成本与现金储备：确保拥有充足的紧急备用金，以应对突发的医疗费用或其他不可预见的生活开销，避免因短期现金流问题而被迫出售长期投资资产。

调整投资组合风险：降低整体投资组合的风险水平。随着退休临近，逐渐减少高风险投资（如股票、期货、房地产开发等）的比例，增加固定收益产品（如国债、企业债、银行存款、货币市场基金）和相对稳定的收入型投资（如分红稳健的蓝筹股或REITs）的配置。

多元化投资：维持投资组合的充分分散化，通过不同资产类别、地域、行业之间的低相关性来分散特定市场波动带来的风险。

长寿风险管理：考虑购买年金或其他终身收入保障产品，以对冲可能由于寿命延长导致的养老金不足的风险。

税务规划：合理利用税收优惠政策，例如，选择在适当的时间点提取退休账户资金，最大限度地减少税负对投资收益的影响。

保险规划：根据自身情况，确保拥有足够的医疗保险、长期护理保险和其他适当的保险覆盖，以降低未来潜在的大额支出风险。

法律及遗产规划：制定合适的遗嘱、保险和信托安排，保护财产不受法律纠纷影响，并确保资产能够按照个人意愿传承给下一代或慈善机构。

如何应对退休后可能面临的心理问题

退休后可能会面临一些心理问题，如失去工作的感觉、缺乏社会联系、缺乏目标感和意义感、退休综合征等。这些心理问题都将对投资理财产生一定的影响。因此，应对退休后可能面临的心理问题需要采取积极的态度和方法，以实现健康、有意义和充实的退休生活。

1.退休心理对投资理财的影响

"迎接退休"是一个过渡期，在这个阶段，个体可能会出现对未来经济安全的担忧，尤其是对于那些将工作视为自我价值实现途径的人来说，失去固定的收入来源可能导致他们在投资理财上过于保守或过于激进。

首先，对未来经济不确定性的恐惧可能使部分人过分追求稳健，倾向于选择低风险、低收益的投资产品，忽视了通货膨胀等因素对资产实际购买力的影响，长期来看可能无法实现财富的有效增值。

其次，面临即将退休的事实，有些人可能会因为焦虑而采取冒险的投资策略，希望在有限的时间内积累更多的财富，在这种情况下往往容易陷入高风险投资陷阱，一旦投资失败，可能会对退休生活造成严重影响。

最后，迎接退休阶段的人群可能因心理压力而缺乏理智的投资判断，过度关注短期市场波动，频繁买卖，不仅增加了交易成本，也可能错失长期投资的机会。

在迎接退休这个阶段，良好的心理调适对于理性、科学地进行投资理财至关重要。正确面对角色转变带来的心理变化，平衡风险与收益，建立适应退休生活的长期投资规划，才能确保退休后的生活质量得到保障。

2.退休后心理问题的应对方法

在迎接退休阶段，有效应对可能出现的心理问题，不仅有利于个人心理健康，也能帮助个体作出更为理智和长远的投资理财决策。以下是一些具体的应对方法。

提前规划与准备：提前几年开始规划退休生活，包括经济、健康、社交等多个层面，明确退休后的生活目标和兴趣爱好，这有助于消除对未来生活的不确定性和焦虑。同时，合理配置资产，制定适应退休阶段的稳健投资策略，确保退休后的财务安全。

心理调适与角色转变：接受并积极面对从职业人到退休者的身份转换，认识到退休是人生新阶段的开始，而非终结。可以参加一些针对退休人士的职业生涯规划或心理咨询课程，以便更好地理解并接纳这一转变。

建立社会支持网络：在工作之余逐渐扩大非职场的社会交往，参与社区活动、志愿者服务或培养新的兴趣爱好，这样可以在退休前建立起多元化的社交圈，为退休后的生活提供丰富的人际互动和情感支持。

持续学习与发展：利用业余时间进修学习，提高自我价值感，比如，学习金融知识以提升自己的投资理财能力，或者学习新的技能和知识，为退休后的生活增添乐趣和目标感。

健康生活方式：保持良好的生活习惯和规律的锻炼，维护身心健康，这是应对退休心理挑战的基础。

中低产和高净值家庭的财富传承方式

在迎接退休阶段,应该根据家庭的具体需求和目标,开始考虑家庭财富传承规划。家庭财富传承是个很大的概念,几乎所有家庭都需要考虑传承问题,只是传承方式有很大不同。中低资产家庭大多采用遗嘱、赠与、保险等方式,高净值家庭主要采用遗嘱、保险、赠与、信托、家族办公室、股权架构等方式。

1.中低资产家庭的财富传承方式

对于中低资产家庭来说,财富传承的核心在于合理安排和最大化利用现有资源,以保障家庭成员在家庭支柱退休或离世后的经济安全。以下是一些主要的财富传承方式。

制定遗嘱:遗嘱是家庭成员遗留给后代的重要财产规划文件,可以明确财富传承人的意愿,力争避免遗产争夺和家庭矛盾。遗嘱的形式有多种,它可以明确家庭成员的意愿和意图,防止遗产争夺和家庭矛盾。遗嘱可以规定财产的分配和处理方式,避免出现亲戚之间的纷争和矛盾。此外,遗嘱还可以确保家庭成员的意愿得到尊重和实现。制定遗嘱的最佳时机是在财富传承人的健康和精神状态良好的情况下。在制定遗嘱时,考虑到家庭成员的需求和目标,明确财产的分配和处理方式,避免出现亲戚之间的纷争和矛盾。遗嘱应该包括以下内容：明确家庭成员的受益比例和受益方式；明确遗产的处理方式，如出售、转让、捐赠等；指定遗嘱执行人，确保遗嘱得到有效执行；若有未成年子女或需要监护的家庭成员，应指定监护人。遗嘱还可以包含其他要求和条款，如财产的管理和分配方式、信托基金的设立等。遗嘱应该具有法律效力，符合当地法律法规的规定。遗嘱应该由财富传承人亲自签署，并有证人做证。此外，遗嘱应该交由律师保管，确保遗嘱的安全和保密。

赠与：赠与是一种有效的财产传承规划方式，它是指将财产无偿地转让给受益人的一种方式。赠与可以帮助家庭在生前规划财产，现阶段还可以规避未来很可能推出的遗产税等负担。在进行赠与时，需要考虑到赠与财产的种类、价值和时间。赠与的财产种类可以包括现金、物品、不动产等。此外，赠与的价值也需要考虑到家庭成员的个人情况和财产规模等因素。赠与需要考虑到受益人的情况。受益人既可以是家庭成员，也可以是其他亲密的人。在选择受益人时，需要考虑到他们的年龄、健康状况、财务状况等因素，并选择合适的赠与方式。同时，也需要遵循相关法律法规。例如，赠与需要符合《中华人民共和国民法典》的规定，赠与财产需要合法、合规，并且不得侵犯他人的合法权益。

保险规划：购买人寿保险是另一种重要的财富传承方式。合理架构的保险金通常不受债权追索，能在投保人去世后迅速为受益人提供一笔免税的现金，用于偿还债务、维持生活或者进行再投资。此外，年金险等产品还可以为退休生活提供稳定的现金流。

2.高净值家庭的财富传承方式

高净值家庭在财富传承规划方面，由于资产规模庞大、结构复杂以及可能涉及的企业控制权问题，通常会采用更为多元化和专业的手段来确保家族财富的安全、保值增值及有效传承。以下是一些高净值家庭常采用的财富传承方式。

遗嘱继承：与中低资产家庭类似，高净值家庭同样可以通过设立遗嘱明确遗产分配方案，但往往会结合更复杂的法律条款和专业律师服务，以处理可能出现的纠纷和避免税务风险。

赠与安排：除了简单的个人赠与外，高净值家庭可能还会利用大额财产赠与或者设立特殊目的赠与基金等方式，提前进行财富转移，并考虑如何合理进行税务筹划。赠与时要选择合适的赠与方式。赠与的方式可以包括直接赠与、间接赠与、分期赠与等。家庭可以根据实际情况选择合适的赠与方式。另外，赠与的财产可能会产生财产转移税、遗产税等负担。家庭可以通过合理的税务筹划，减少赠与的税务负担。

保险工具：高净值家庭可能会购买高额的人寿保险作为财富传承的一部分，不仅可以提供税务优惠，还可以为受益人提供不受债务追索影响的一次性现金支付。

信托：中国最主要的财富传承类信托为保险金信托和家族信托。因为保险金信托和家族信托具有定制化属性，所以在信托成立的过程中，建议信托公司、法律顾问、财富管理顾问等多方共同参与，妥善设计其中的条款，以满足财富传承人的相关需求。建立信托基金的参考流程为：制定信托协议，明确财产的转移、受益人、受益比例等内容；指定信托基金的受托人，负责管理和分配财产；将财产转移至信托基金，由受托人进行管理和分配；信托基金开始运作，按照信托协议进行管理和分配。

家族办公室：对于极富裕的家庭，可能会建立家族办公室来统筹管理家族财富，包括投资策略、财务规划、慈善活动、税务筹划、法律事务和教育培养下一代接班人等全面服务。

企业股权架构设计：如果家族财富主要来源于企业经营，那么合理的股权架构设计至关重要，包括运用控股公司、有限合伙企业、表决权代理协议等机制，以保证家族对企业的控制权得以延续至下一代手中。

适合迎接退休时的投资理财产品

选择适合迎接退休的投资理财产品需要根据自己的风险承受能力、投资目标和时间表等因素进行综合考虑。首先，选择信誉较好的金融机构，同时注意投资产品的风险水平和收益水平。其次，及时了解投资产品的市场动态和变化，并及时调整投资组合，以达到更好的投资效果，实现自己的退休财务目标。适合迎接退休时的投资理财产品有银行定期存款、银行理财、基金产品、保险、国债。

1.银行定期存款

银行定期存款是一种稳健的投资方式，通常具有固定的利率和存款期限。这种投资产品适合那些风险偏好较低、资本保障需求较高的投资者。

购买注意事项：选择银行定期存款时，应注意不同银行的存款利率和存款期限，以及存款金额是否符合要求。应该选择信誉较好、资金流动性较强的银行，同时要考虑通货膨胀的影响，避免存款收益被通胀抵消。此外，还要注意存款期限到期后的续存或提取操作。

2.银行理财

银行理财是以银行为主体，由金融机构集合客户资金，然后投资于各种金融产品的一种投资理财方式。

购买注意事项：选择银行理财产品时，应注意产品的风险级别、收益率、期限、赎回费用、托管费用等因素。此外，还要注意理财产品的结构和投资组合，以及是否符合自己的投资风险偏好和投资目标。

3.基金产品

基金产品是由基金公司发行的，通常包括股票型基金、债券型基金、货币基金等。这种投资产品可以提供较高的收益率，但风险也相对较高。

购买注意事项：选择基金产品时，应注意产品的基金规模、基金经理、费用率、投资策略、风险评级等因素，也要注意基金产品的历史业绩表现是否符合自己的诉求。

4.保险

保险产品可以提供风险保障和投资收益，可以分为人寿保险、养老保险、医疗保险等。这种投资产品可以提供长期的风险转嫁保障。

购买注意事项：选择保险产品，需要注意保险费用、保险种类、保险期限等因素。此外，还要注意不同保险产品的投资组合和风险分散程度，以及是否符合自己的投资风险偏好和投资目标。

5.国债

国债是一种政府债券，由中华人民共和国财政部发行。这种投资产品具有稳健的收益率和低风险，适合那些风险偏好较低、资本保障需求较高的投资者。

购买注意事项：选择国债时，应注意国债的期限、票面利率、发行价格等因素。此外，还要注意国债的信用风险和市场利率变动的影响，以及是否符合自己的投资风险偏好和投资目标。

第九章
安享晚年时的投资心理学

安享晚年时期意味着个人生命周期已经进入退休期，这时的家庭支出逐渐会大于收入，储蓄逐步减少。因此，这一时期应作好晚年财务规划以及财富传承，应选择合适的收入来源和理财工具，学会管理和保护晚年资产，注重维护身心健康以享受晚年生活。

安享晚年时的投资心理特点

安享晚年时期指的是从退休一直到去世。养老护理和资产传承是安享晚年时的核心目标，家庭收入大幅降低，储蓄逐步减少。因此该阶段的投资心理具有一定的特殊性。

1.安享晚年时的普遍特征

安享晚年时的普遍特征体现在家庭基本状况、工作及收入情况、资产配置情况、投资理财诉求、投资偏好及风险承受能力等方面。

安享晚年通常意味着家庭中的子女已经成年独立，家庭责任不再那么重，同时面临已经退休的情况。因此，安享晚年的家庭基本状况通常是相对稳定的，家庭成员之间的关系比较融洽，家庭开支也相对较少。同时，安享晚年的家庭往往具有一定的积蓄和资产，可以通过理财投资来增加财富。

安享晚年的人群通常已经退休或者即将退休，因此工作收入几乎消失。退休后的收入主要来自养老金、保险金、租赁收入等，一般不需要再通过工作来获得收入。此外，一些人可能还会有投资收益等其他收入来源。

安享晚年的人群通常已经拥有一定的资产，包括房产、存款、股票、基金、保险等。在资产配置方面，安享晚年的人更加注重保值增值和风险控制，更倾向于选择相对稳健、低风险的投资产品，如银行定期存款、国债、保险等。同时，也需要考虑资产的流动性和收益性。

安享晚年的人群通常关注的是资产保值增值和收益稳定性，更注重保证资产的流动性和安全性。因此，他们更倾向于选择低风险、稳健的投资产品，以满足自己的理财需求。

安享晚年的人群通常有一定的投资经验和知识储备，但投资偏好和风险承受能力因人而异。大部分人可能更倾向于保守、低风险的投资产品，少部分人则可能更愿意承担一定的风险，寻求更高的收益。因此，在选择投资产品时，需要根据自己的投资偏好和风险承受能力进行合理的配置。

2.安享晚年时的投资心理分析

安享晚年时的投资心理通常更加保守和稳健，更注重资产配置的平衡性和收益的稳定性，同时也需要考虑到长期规划的需要。

（1）注重稳健收益

老年人生活所需现金流主要来自储蓄、退休金和投资收益。因此，他们非常看重投资收益的稳定性和持续性，希望获得足够的中短期稳健的收入来源。在投资时可能会考虑通货膨胀对资产实际价值的侵蚀。希望通过投资至少保持资本的实际购买力。同时，老年投资者行事更加谨慎保守，会自己或者通过信任的人仔细评估投资对象的风险与收益，避免进行非理性投资决策。

由于老年人风险承受能力下降，不愿意承担可能损失本金的高风险。

他们希望把投资风险控制在可以接受的范围内，不追求高额投资收益，而是注重获得可观稳定收入，愿意接受低一些的收益率来换取投资的安全性。

（2）投资期限相对较短

老年人会根据自身的预期寿命和生命周期来规划投资期限。比如，如果预期还能活 20 年，投资期限可能就定为 10 年左右。长期投资会锁定资金，降低资金的流动性。而老年人更看重可利用的现金流，所以他们会避免那些需要长期持有的投资。

相对年轻人，老年人更倾向追求能在短期内见效的投资回报，以满足生活需求。长期投资需要承受市场周期性波动的风险。老年人通常不愿持有过长时间来等待市场回暖。一些老人会考虑较短的投资期，这样可以及时地将本金和收益传承给子女。短期投资可以比较灵活地应对通胀风险，及时调整投资组合。短期投资到期后可以再次选择新的投资品种，实现资金的循环运用。

投资期限短的重要表现是具有流动性，换句话说，老年人需要保障随时可以支配资金来支付日常生活开支，必须具备获取现金的流动性。老年人更容易面临健康等突发情况，需要具备资金的流动性来应对这些支出。

流动性强可以让老年人根据资金需求随时调整组合，无须承担限制交易的风险，也可以让老年人抓住市场中的短期交易机会来获得收益，还可以让老年人灵活调配资金，降低组合调整的交易成本。一些固定期限的投资品种存在流动性风险，老年人会回避这类投资。考虑到生活支出的规律性，老年人倾向于流动性好的现金管理工具，如活期存款。流动性强的资产可以更方便、高效地完成遗产传承，减少烦琐的程序。

（3）注重税收考虑

有一定财富积累的老年人会考虑遗产税的影响，利用保险、家族信托等方式规划遗产，降低给子女的遗产税负。可以通过搭配短期和长期投资，调整资产变现的时间，以达到合理分配纳税的目的。老年投资者应该就复杂的税收规划和申报问题咨询专业会计和律师，最大程度减少税负。

（4）避免投资高风险

随着年龄增长，老年人的身体条件及风险承受能力会下降，更不适合承担高风险投资。老年人在意投资本金的保值，不希望因为高风险投资而损失本金。许多老年人主要依赖年轻时的积蓄和养老金生活，难以承受本金损失的后果。

他们会尽量避免那些风险非常高的股票、期权、期货等投机性投资品种。如果投资股票，老年人也会选择业绩稳定、规模较大的蓝筹股，而较少选择小盘股或成长股。通过分散投资组合，老年人可以降低个别资产带来的风险。即使是低风险资产，老年人也应该控制仓位规模，避免单一资产占比过大。

（5）注重财富传承

老年人可能在有生之年就将部分资产转给子女，避免继承遗产烦琐的法律程序。会提前明确规划不同子女获得的财产份额，避免遗产继承纠纷。

有的老年人利用免税方式将部分财产规划传承，减少子女的遗产税负担。有的老年人采用信托等方式，指定子女为受益人，实现财富有序传承。如果允许，也会把部分退休金或养老保险设置子女为受益人。老年企业主也会提前规划企业的股权、业务和资产传承给子女。另外，除了物质财富，高净值人群也会传承事业、智慧、精神等非物质财富给子女。

如何进行晚年财务规划

晚年财务规划需要评估退休收入来源，控制退休生活开支，建立存款和投资机制，多样化退休收入来源，合理规划医疗保障，注意财富传承规划等。下面具体探讨。

1.评估退休收入来源

评估退休收入来源首先需要了解国家退休金的申领条件和给付标准，根据个人工作年限缴纳情况、工作时的社保来预估可以获得的退休金数额。此外，还有其他方面需要考虑：如果参加了企业年金计划，要了解未来可以领取的养老金或保险金数额；如果购买了商业养老保险，要明确保险合同的领取时间和预期金额；要评估个人已经积累的各类存款、债券、基金等的预期收益，并继续增加收入来源；如果拥有多余房产，在当前的国情下，应考虑保留最核心的房产、处置多余的闲置房产；退休再就业方面可以选择适当兼职或小业务获得额外收入；随着人口老龄化社会的到来,这种退休后兼职工作的情况可能会越来越多;在特殊情况下,可以考虑从子女处获得一定金额的资金支持;还要评估收入来源是否可以持续提供现金流至生命终点,以及收入可否满足预期的退休生活水平需求等。

2.控制退休生活开支

关于控制退休生活开支,可以从以下三个方面着手:列出详细的生活开支预算,包括伙食、居住、交通、娱乐、医疗、保险等各类常规支出;对比收入和支出,剔除不必要的开支项目,区分必须支出和弹性支出;采用先支出后储蓄的原则。先留出必须支出资金,余额再用于储蓄或投资;省钱购物,利用打折促销,合理规划购物,选购优惠商品。考虑共享住房或与子女同住,可以大幅减少居住支出。变现资产,减少负债。出售固定资产,清偿贷款,减少支出开支;自己动手做,如自己做饭、维修等可以节省外包服务开支;大病支出用社会保障或普惠性保险提供保障,小病支出用社保医疗报销;节约用水、电、气等公共设施开支,养成节约习惯,节省能源及水资源;充分利用优惠政策,如免费乘车、门票、书籍等。

3.建立存款和投资

关于建立存款和投资,可以考虑以下八个方面:可以在商业银行开设活期存款账户,定期存款等储蓄资金,既可以赚取一定的利息,又可以随时提取;设立应急基金,在银行存入3个月到6个月生活开支的现金,用来应对突发情况;投资一定比例低风险的短期政府债券、公司债券,获得稳定收益;选择股息分红类基金,可以获得股息收益;购买退休金产品,如养老保险等可以在退休后提供稳定收入来源;根据自身情况制订长期的理财投资计划；适当购买保险，如医疗、意外、年金等保险产品，规避风险；定期评估，根据通胀、收益率变化适时调整存款和投资组合。

4.规划财富传承

老年人规划财富传承的具体内容可以包括：提前制定详细的遗嘱，明确财产分配比例，避免继承纠纷；及时将部分财产赠送给子女，减少未来遗产税政策的影响；考虑设置保险金信托或家族信托，由信托公司管理财产，按条件分配给受益人；高净值人士可以将一定比例财产捐赠给公益机构，从而享受税收优惠；房产可以考虑提前过户给子女，避免烦琐的继承手续；注意留出部分财产用来支付养老阶段的必要开支；明确财产管理人，避免财产被挥霍或管理不善。

如何管理和保护晚年资产

晚年资产是指人们在退休后所拥有的资产，包括房产、存款、养老金、其他社会保障等。管理和保护晚年资产对于安享晚年非常重要。管理和保护晚年资产的重要性在于确保退休后能够维持稳定的生活水平，同时还能为后代留下一定的财富。

1.晚年资产主要包括哪些

晚年资产是指人们在退休后所拥有的资产，主要包括以下八类：

房产：有一种观点认为：60岁之后，"三财"不花，才有幸福的晚年。

所谓"三财",指的是房产、存款和养老金,是老年人最主要的资产。房产是许多人最重要的资产之一。在管理和保护晚年资产时,需要考虑房产的维护和保障问题,以及将来可能出售房产以获取资金的情况。房子首先满足居住属性,其次是在城市核心区域的房产具备一定的保值增值能力,非核心区域的非自住房产应考虑择机出售。

存款:存款通常是晚年资产中最为稳定和流动性最高的一种。它可以作为应急备用金,应对意外开支或紧急情况。同时,存款也可以作为退休后的日常生活开支和支持旅游、娱乐等方面的支出。

养老金:养老金是晚年资产中最为重要的一项。它是个人在工作期间缴纳的养老保险金而获得的养老保障,可以作为退休后的主要收入来源。养老金的数额取决于个人在工作期间缴纳的工资水平和工作年限等因素。

社保:社保是国家提供的社会保险制度,包括基本养老保险、医疗保险、失业保险等。在我国,社保制度为晚年生活提供了重要的保障。

股票和基金:股票和基金等证券类资产在退休后仍然可以为资产增加价值。但是,这些资产的波动性较大,需要谨慎投资并定期进行资产检视。

债券:债券等资产相对稳健,可以提供固定的收益,并且具有相对较低的风险。但是,由于通货膨胀等因素,这些资产的实际价值可能会下降。

私人企业或股份:如果一个人是企业家或者拥有一些私人股份,这些资产也可以算作晚年资产。在管理和保护这些资产时,需要考虑如何最大限度地增加收益、隔离风险以及如何规划这些资产的转移或出售。

珍贵物品：珍贵物品如艺术品、收藏品、古董等也可能是晚年资产的一部分。在管理和保护这些资产时，需要考虑如何存放这些物品、如何最大限度地增加其价值以及如何规划这些资产的转移或出售。

2.晚年资产的管理和保护

在管理和保护晚年资产时，需要考虑的因素包括资产的安全性、流动性、收益性和传承规划等。实践中，通过制订财务计划、谨慎投资、设计传承规划、谨慎购买保险和定期更新资产状况等方式，可以确保自己的晚年生活质量和财产安全。

制订财务计划：在退休后，应该制订一个详细的财务计划，包括收支预算、退休金、社保和养老金等收入来源，以及储蓄和投资计划等。这有助于确保在退休后有足够的收入维持生活，并且能够保证资产的增值。

谨慎投资：在晚年时，应该谨慎地投资，以确保资产的安全性和流动性。可以选择一些相对保守的投资方式，如定期存款、债券、黄金等，以保证本金和少量收益。

设计传承规划：在晚年时，应该考虑传承规划，包括起草遗嘱、信托等，以确保财富能够按照自己的意愿分配给后代。保险和信托还可以减少税收负担。

谨慎购买保险：在晚年时，应该谨慎购买保险，选择适合自己的保险种类和保险公司。防癌险等重大疾病类保险虽然有保费倒挂等常见情形，但也可以被视为一种选择，以应对可能发生的医疗费用和护理费用。

定期更新资产状况：在晚年时，应该定期更新自己的资产状况，包括资产价值、收入和支出等，以便及时调整自己的财务计划和投资策略。

需要注意的是，晚年资产的构成因人而异，不同人所拥有的资产种类和数量也不相同。因此，在管理和保护晚年资产时，需要根据自己的情况制订相应的计划和策略，以确保自己的资产能够得到充分的保护和增值。

如何维护身心健康，享受晚年生活

身心健康对于安享晚年非常重要。通过保持均衡的饮食、适量的体育锻炼、保持社交活动、学习新知识、定期体检和充足的睡眠等方式，可以保持身心健康，享受晚年生活。

1.均衡饮食

保持均衡的饮食对身体健康非常重要。均衡饮食需要均衡摄入各类营养素，包括碳水化合物、蛋白质、脂肪、维生素和矿物质等。应该尽量保障新鲜的水果、蔬菜、全谷类食物、低脂肪乳制品等，避免高热量和高脂肪的食物。此外，应该适量饮水，避免过度饮酒。

均衡饮食可以帮助维持身体健康，预防慢性疾病，提高免疫力和抵抗力。同时，也可以帮助控制体重，维持身体的代谢和各项机能正常。在晚年时期，均衡饮食尤其重要，因为老年人的身体代谢和吸收能力下降，需要更多地注重饮食营养的平衡和多样化。

2.锻炼身体

适量的体育锻炼可以保持身体健康。锻炼身体可以促进血液循环、增强心肺功能、提高肌肉弹性和韧性，同时还有助于调节情绪、减轻压力和焦虑。可以选择散步、慢跑、游泳、瑜伽等低强度的锻炼方式，也可以选择适合自己的其他锻炼方式，如太极拳、广场舞等。

锻炼身体可以帮助保持身体健康和活力，预防慢性疾病，延缓身体衰老。在晚年时期，锻炼身体尤其重要，因为老年人的身体功能和活力下降，需要更多地注重身体锻炼和保健，以保持身体的灵活性和机能。同时，适量地锻炼还可以促进老年人的社交活动，提高生活质量和幸福感。

3.保持社交活动

保持社交活动有助于减少孤独感、增加社交支持和快乐感。对于老年人来说，保持社交活动尤其重要，因为随着年龄的增长，社交圈子可能会缩小，可以参加社区活动、志愿者活动、俱乐部等，结识新的朋友；同时，也可以参加亲朋好友的聚会、旅游等，拓展社交圈子。

保持社交活动可以促进老年人的身心健康，预防孤独和抑郁症状，增加生活的乐趣和幸福感。同时，也可以帮助老年人获得社交支持和帮助，应对各种生活问题和挑战。

4.学习新知识

学习新知识有助于保持头脑清醒、增加自信心和自尊心。对于老年人来说，学习新知识也尤其重要，因为它可以帮助老年人保持对生活的热情和好奇心。可以学习新语言、新技能、新科学等，通过参加课程或者阅读书籍来学习。

学习新知识可以促进老年人的认知能力和智力活动,预防认知障碍和老年痴呆等疾病。同时,也可以帮助老年人增加自信心和自尊心,提高生活质量和幸福感。

5.定期体检

定期体检有助于早期发现疾病,及时治疗疾病并保持身体健康。对于老年人来说,定期体检尤其重要,因为老年人的身体机能和免疫力下降,容易发生各种慢性疾病和并发症。

6.充足的睡眠

睡眠是身体恢复和调节的重要方式,应该尽量保持充足的睡眠时间。对于老年人来说,睡眠充足尤其重要,因为老年人的身体机能和代谢能力下降,需要更多地休息和调节。

充足的睡眠可以帮助老年人维持身体健康和精神状态,预防认知障碍和老年痴呆等疾病。同时,也可以帮助老年人恢复体力、提高免疫力和抗病能力,预防疾病的发生和恶化。

适合安享晚年时的投资理财产品

老年人应该根据自己的资金需求、风险偏好和收益预期来选择投资理财产品。同时,也应该了解各种投资理财产品的特点和注意事项,避免因不当操作而造成不必要的损失。这里为老年人设计了一些适合他们的投资理财产品，包括银行存款、银行理财、货币型基金、债券型基金、指数型基金、高股息股票等，这些产品有助于保障老年人的资产安全，同时也能获得一定的回报。

1.银行存款

银行存款是老年人最熟悉的理财方式之一，具有极高的安全性。它主要包括活期存款和定期存款两种形式。活期存款资金存取灵活，但利率相对较低，适合存放短期内可能需要随时支取的备用金。定期存款期限多样，一般从3个月到5年，利率随着期限增长而提高。

购买注意事项：一是合同条款审查。仔细阅读并理解存款合同的各项条款，包括但不限于计息方式、起息日、到期日、提前支取条件及利息计算方法。二是风险提示。虽然银行存款通常被认为无风险，但也需注意某些创新型存款产品或结构性存款可能会挂钩市场利率或其他金融工具，存在一定的市场风险。三是个人信息安全。妥善保管好自己的银行账户信息和密码，不要轻易向他人透露，以防欺诈行为。四是持续关注市场动态。随着经济形势和银行政策的变化，存款利率也可能会有所调整，老年人应及时关注相关信息，以便及时调整自己的储蓄策略。

2.银行理财

银行理财产品是商业银行向个人或机构投资者发行的，投资于多种资产组合的金融产品。与存款相比，银行理财产品的收益率通常较高，但同时也伴随着不同程度的风险。

购买注意事项：一是风险匹配与评估。根据自身风险承受能力选择相应级别的产品，了解并接受可能存在的本金损失风险。二是收益与流动性兼顾。关注产品的预期收益率、投资期限和赎回条件，确保既能获取合理回报，又能满足资金流动性需求。三是产品性质明确。区分自营与代销理财产品，确认发行主体，充分理解产品特点及运作模式。四是信息披露透明。详细了解理财产品的投资方向、费用、收益计算方式以及潜在风险，要求提供清晰易懂的信息披露材料。五是审慎签署协议。仔细阅读并理解所有相关法律文件，确保知晓条款细节后再进行投资决策。六是分散投资策略。避免将全部资金集中投入单一产品，采取多元化投资策略以降低风险。

3.货币型基金

货币型基金是一种风险相对较低、流动性较高的开放式基金产品，主要投资于短期货币市场工具，如国债、央行票据、商业票据、银行定期存单、信用等级较高的企业债等。这类基金通常安全性较高，收益稳定，流动性好，比较适合老年人购买。

购买注意事项：一是了解产品特性。尽管货币基金风险较低，但仍需明白它并非存款，存在市场利率变动导致收益波动的风险。二是关注收益水平。不同货币基金的业绩会有所差异，应比较各产品的年化收益率等指标来选择合适的投资对象。三是熟悉赎回规则。虽然大部分货币基金支持快速赎回，但也有一些基金可能有每日限额或赎回费用的规定，购买前要详细阅读基金合同和说明书，明确赎回条件与限制。四是管理费与托管费。尽管费用相对较低，但长期持有也会产生一定的成本，选择时也应考虑基金管理团队的专业性和过往业绩。五是分散投资。即使货币基金风险低，仍建议将资产在不同类型的理财产品中进行分散配置，以进一步降低整体风险。

4.债券型基金

债券型基金是一种主要投资于债券市场的基金产品，通常包含国债、企业债、金融债等多种类型的债券工具。这类基金的特点在于风险较低、回报稳定、波动较小，较适合老年人。

购买注意事项：一是风险认知与产品选择。根据自身风险承受能力，优先考虑波动较小的债券基金，如纯债基金或政府债券基金。二是审视投资策略与组合。查阅基金说明书，明确基金的投资范围和管理策略，确保符合个人偏好。三是关注历史业绩及基金管理人。选择具有稳定过往业绩和专业基金管理团队的产品。四是费用考量。注意各类费用（如申购费、赎回费、管理费等）对实际收益的影响。五是分红政策与流动性需求匹配。了解基金分红情况，确保其能满足自己定期获取收益的需求，并关注赎回到账时间和规则是否符合资金流动性要求。六是结合市场环境判断。在利率变动可能影响债券市场的背景下，适当关注宏观经济状况和利率走势。

5.指数型基金

指数型基金也称被动型基金，是一种旨在复制和追踪特定市场指数表现的投资工具，如沪深300指数、标普500指数等。这类基金的投资组合与所跟踪指数成分股及其权重保持一致,以实现与指数大致相同的风险收益特征。其具有多元化投资,透明度高,成本较低的特点。

购买注意事项:一是风险评估。虽然指数基金具有分散投资的优势,但依旧存在市场波动风险,尤其是在股市大幅调整时期,老年人应确保自己能够承受相应的资本损失风险。二是选择合适的指数。不同的指数代表了不同市场或行业的表现,老年人应根据自身的投资目标和偏好选择稳健且与其风险承受能力相匹配的指数基金。三是关注费率。由于指数基金的核心竞争力之一是低成本,因此在比较同类产品时,应优先考虑那些管理费和托管费较低的基金。四是投资期限。考虑到市场短期波动性,建议有长期投资打算的老年人选择指数基金,利用时间熨平市场波动,获取市场的平均回报。五是赎回政策。了解基金的赎回到账时间和可能存在的赎回费用,确保在需要使用资金时能够顺利赎回,并尽量避免不必要的手续费支出。六是养老金配置。对于依赖固定收入的老年人来说,将指数基金作为资产配置的一部分时,还须综合配置其他低风险理财产品,如债券、货币基金等,以平衡整体投资组合的风险水平。

6.高股息股票

适合老年人的高股息股票是指那些具有长期稳定分红历史、财务状况稳健、公司经营状况良好且未来持续派发高股息可能性较大的上市公司股票。这类股票通常能够为投资者提供相对稳定的现金流入,类似于一种被动收入来源,对于依赖固定收入的退休或接近退休的老年人来说,是补充养老金的一种策略。

购买注意事项：一是稳定性与可持续性。选择那些行业成熟、业务模式稳定、盈利能力强且有多年连续分红记录的公司，确保股息分配具有较强的可持续性。二是股息收益率和派息率。比较不同公司的股息收益率（每股股息除以股价），但也要关注派息率（股息支付占净利润的比例），过高可能意味着公司没有足够的留存收益用于再投资和发展，这可能影响未来的成长性和股息增长潜力。三是公司基本面分析。考察公司的资产负债结构、现金流情况、盈利能力和市场地位等基本面因素，以确认其长期维持高股息支付能力。四是行业周期及经济环境。某些行业的周期性波动会影响公司的利润和分红政策，应选择在不同经济环境下都有较强适应力的行业龙头。另外，不建议将全部资金集中于某几只股票上，而是应该构建一个包含多种高股息股票的投资组合，以降低单一股票带来的风险。五是法律法规变动。注意政策法规的变化，例如，税收政策对股息收入的影响以及潜在的监管调整对相关行业或公司的冲击。六是定期复评投资组合。随着市场和公司状况的变化，定期检查和调整投资组合中的高股息股票，确保它们依然符合上述条件。

后 记

投资看似理性，但其实情绪因素发挥着重要作用。正确理解和运用投资心理学，是每一位投资者必备的关键能力。我们希望能通过本书，帮助投资者结合自身情况建立起良好的投资心态，作出更理性的决策。在本书中，我们深入探讨了脑科学、财富规模与投资、生命周期理论、职场新人、单身精英、两口之家、养育子女、迎接退休和安享晚年等不同阶段的投资状态，希望为读者培养正确的投资心态提供指南。

但是投资心理学的研究是一个不断发展和变化的领域。因此，在实际投资中，我们需要将感性与现实结合起来，根据自身的实际情况和投资目标，制订适合自己的投资计划。同时，也希望读者能够持续关注最新的投资心理学研究成果，并不断提高自己的投资能力和技巧。

读者的支持是笔者继续创作的动力。获得读者的认可，是笔者最大的荣幸。如果你喜欢本书，希望你能向更多需要的人推荐。投资道路漫漫，我们仍需不断学习与进步。

参考资料

［1］廖日昇. 赚钱者的心态：我的第一本投资心理学 [M]. 北京：中国宇航出版社，2023.

［2］陆剑清. 投资心理学 [M]. 四版. 大连：东北财经大学出版社有限责任公司，2019.

［3］[德] 安德烈·科斯托拉尼. 证券投资心理学 [M]. 郑磊，译. 北京：机械工业出版社，2023.

［4］[美] 约翰 R. 诺夫辛格. 行为金融与投资心理学 [M]. 郑磊、郑扬洋，译. 北京：机械工业出版社，2022.

［5］[美] 丹尼尔·卡尼曼. 思考，快与慢 [M]. 胡晓姣，李爱民，何梦莹，译. 北京：中信出版社，2012.